bebé
genial

bebé
genial

Dr. Richard C. Woolfson

Guía de actividades para
la estimulación de su bebé

MENS SANA

Sumario

La importancia de la estimulación

El primer año de un bebé es una época asombrosa, para él y para usted, y proporciona los cimientos sobre los que se basará el desarrollo subsiguiente. Al nacer, el bebé llega a este mundo con una mente preparada para explorar y descubrir; y a lo largo del año siguiente, sus capacidades, aptitudes y habilidades se desarrollan aún más, ampliándose continuamente. Un recién nacido aprende de forma activa y dinámica, gracias a su necesidad innata de aprender, como usted descubrirá día a día, porque su curiosidad parece ser inagotable. Sin embargo, puede ayudarle en este proceso proporcionándole amor, cuidados y estimulación, a fin de que se convierta en un bebé genial.

◀ Cuando apenas tienen unos días, los bebés pueden fijar la mirada en cualquier objeto que entre en su campo de visión.

Aprendizaje activo

Ya desde el nacimiento, su bebé manifiesta su deseo de aprender. Quiere encontrarle sentido al mundo que le rodea y hace cuanto puede por tocarlo y explorarlo. Naturalmente, en las primeras semanas de vida, controla muy poco los movimientos de sus manos, brazos, piernas y cuerpo, pero eso no le impide aumentar activamente sus conocimientos.

Por ejemplo, mira fijamente cualquier persona u objeto que se le acerque, saborea todo lo que se le introduce en la boca y agarra los objetos pequeños que caen en sus manos. Aprende activamente y utiliza todas sus capacidades para ampliar su

comprensión, tanto si tiene una semana de vida como un año.

El hecho de que su bebé tenga un deseo innato de explorar y descubrir es genial, porque significa que está predispuesto a mejorar y busca deliberadamente nuevos retos y oportunidades de aprendizaje. Por ejemplo, cuando se quede solo en su cuna, un bebé de pocos meses quizá se suba la manta hasta la cara para

estudiarla atentamente, palparla e incluso masticarla. A los 6 meses, hará todo lo que pueda por alcanzar cualquier objeto que le llame la atención. Y cuando tenga alrededor de 1 año, correteará por la casa, explorando zonas a las que antes no podía llegar. Contemplarlo en estas situaciones de aprendizaje motivadas por sí mismo será encantador, y usted sentirá

▼ La fascinación de esta niña por el agua que cae demuestra lo fácil que resulta convertir los actos cotidianos como el baño en una experiencia estimulante para un bebé.

un gran orgullo ante su inagotable entusiasmo y sus habilidades cada vez mayores. Eso no significa que, como madre o padre, deba reclinarse en su asiento y dejarlo todo al azar: por el contrario, si esto es lo que el bebé puede lograr por sí solo, ¡imagínese lo que conseguiría con su ayuda!

La estimulación

La estimulación ejercitada por los padres –utilizando las actividades e ideas sugeridas en este libro– potenciará enormemente el desarrollo de su bebé. Esta estimulación no sustituye a su impulso natural de convertirse en un bebé genial: por el contrario, lo aumenta y amplía. Éstos son algunos de los beneficios para su bebé cuando usted recurra a actividades de estimulación:

• **Atención personal.** El hecho mismo de pasar tiempo con su bebé en un ambiente de amor y cuidados es bueno para él. Las actividades fomentan la proximidad física y el bebé madura con estas atenciones. Es más probable que aprenda cuando se sienta relajado y cómodo que cuando esté aburrido y se sienta solo.

• **Todo a su alcance.** Mientras su bebé juega espontáneamente con todo lo que cae en sus manos, su escasa coordinación oculomanual y su restricción de movimientos dejan la mayoría de los objetos fuera de su alcance. Acercándole juguetes y proponiéndole otras actividades se supera inmediatamente esta limitación natural del aprendizaje.

▲ *Establecer contacto visual y hablarle al bebé es muy importante; cuando le cambie es una excelente oportunidad para ello.*

• **Ampliación de sus habilidades.** Mediante la interrelación con su bebé puede usted enseñarle nuevas maneras de jugar con objetos familiares. En cuanto le demuestre que, por ejemplo, un sonajero hace ruido cuando se agita, su bebé habrá aprendido algo nuevo y se sentirá estimulado a jugar con este objeto de una manera que antes no sabía.

◀ *Animarle con entusiasmo y prestarle una atención personalizada son factores clave que contribuyen al desarrollo de un bebé.*

❖❖❖ Consejos ❖❖❖

1. Recuerde que el bebé aprende de forma activa. Es fácil olvidar que aprende continuamente, incluso cuando usted no hace nada concreto por estimularlo. Aprende cada día del año, simplemente estando con usted.

2. Considere la estimulación una asociación. Quizá sólo sea un bebé, pero no es pasivo. Espere a que reaccione para demostrar que ha conectado con el juguete o muñeco antes de pasar a otra actividad.

3. Programe las actividades gradualmente. Quizá sienta usted la tentación de dar a su bebé juguetes inadecuados para su edad real porque cree que así potenciará su desarrollo. Esta actitud puede tener el efecto contrario; propóngale actividades que estén a su nivel.

4. Ríase con él. Aunque la estimulación es un asunto serio, debe ser divertido tanto para usted como para su bebé, de lo contrario ambos perderán el interés. Sonríale y ríase con él siempre que sea posible.

5. Sienta orgullo ante la inteligencia de su bebé. Disfrute con cada nueva habilidad que adquiera, con cada nuevo logro que alcance. Ámelo por ser único, no por lo bien que lo haga en comparación con otros niños de su edad.

Utilización de este libro

Cuando usted comprenda más a fondo los procesos del desarrollo podrá realizar la estimulación a un nivel más eficaz. E identificando las áreas clave de crecimiento durante el primer año del bebé podrá enfocarla en direcciones específicas.

Por ejemplo, quizá decida mejorar sus aptitudes lingüísticas o su control oculomanual, pero cada área de desarrollo interactúa con las demás, de modo que el progreso en un aspecto influye en los otros. Enfocar holísticamente la estimulación infantil es más eficaz que abordar cada dimensión individualmente. Las ideas y sugerencias de este libro proporcionan una estrategia global de estimulación para su bebé genial.

Cómo utilizar este libro

Las categorías del desarrollo infantil pueden determinarse de muchas maneras. Este libro se centra en cinco dimensiones principales, e incluye un capítulo entero dedicado a cada una de ellas, aunque interactúen entre sí:

• **Desarrollo psicomotor.** Es la capacidad del bebé de mover los brazos, las piernas y el cuerpo de un modo coordinado e intencionado. Al nacer, sus movimientos físicos están extremadamente limitados: se mantiene más o menos en el mismo sitio a menos que usted lo mueva. A los 15 meses puede caminar solo e ir a donde quiera, incluso subir y bajar escaleras.

• **Coordinación oculomanual.** En un recién nacido, el control manual es mínimo y no le permite, por ejemplo, extender la mano y tomar un juguete cercano. Lo intenta con empeño, pero simplemente es incapaz de agarrar deliberadamente un objeto pequeño. A lo largo del siguiente año, sin embargo, su coordinación oculomanual se amplía hasta el punto de que puede alargar los brazos intencionadamente hacia un juguete y hacerse con él.

• **Aptitudes lingüísticas.** Durante al menos un par de meses, el bebé no puede emitir ningún sonido articulado reconocible; llorar es sólo su manera de comunicarse con usted oralmente. Lenta e invariablemente, durante los siguientes 15 meses avanza de los gorgoteos a los sonidos vocálicos

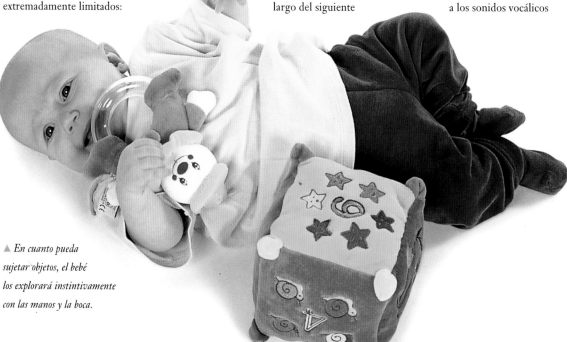

▲ *En cuanto pueda sujetar objetos, el bebé los explorará instintivamente con las manos y la boca.*

y consonánticos aleatorios, hasta que alcanza la maravillosa etapa en que dice su primera palabra. Es un momento mágico.

• **Aprendizaje.** Su bebé está programado para aprender, aunque se halle en una etapa muy inicial del proceso de aprendizaje. No es consciente de los conceptos básicos como acción-reacción (por ejemplo, cuando se mueve un sonajero,

◄ Cada bebé llega a dominar nuevas habilidades en distintos momentos, por lo que no debe comparar sus progresos con los de otros niños y sí dejar que vaya a su propio ritmo.

hace ruido) o permanencia de los objetos (por ejemplo, cuando una pelota rueda bajo una silla, no desaparece definitivamente). Al principio del segundo año ya ha aprendido mucho al respecto.

• **Desarrollo socioemocional.** Su bebé es un individuo muy sensible, totalmente dependiente de usted para todas sus necesidades emocionales. Quiere que esté con él en todo momento, no sólo para alimentarle, cambiarle y vestirle, sino también para que le haga sentirse seguro y a salvo. Su apego emocional hacia usted es vital. A lo largo de los primeros 15 meses verá cómo aumenta su confianza en sí mismo y también cómo se vuelve más sociable.

Una visión general

Si bien estas distintas áreas del desarrollo se comentan en capítulos independientes, en realidad se superponen. Por eso es importante tener una visión general de los progresos de su bebé, en lugar de preocuparse únicamente por una dimensión del desarrollo cada vez.

Por ejemplo, hablar con su bebé estimula sus aptitudes lingüísticas y además influye en su desarrollo emocional, porque al prestarle atención le hace sentirse querido. Dejar un juguete justo fuera de su alcance le anima a utilizar su control manual, su capacidad de movimiento, su vista y su atención. Darle un pequeño puzzle de tablero aumenta su comprensión, amplía su control manual y además potencia su confianza cuando consigue completarlo con éxito. Cada actividad propuesta en este libro tiene efectos en distintas áreas y, en consecuencia, supone una contribución polisectorial a los progresos de su bebé.

Cada capítulo de este libro puede leerse por separado o en combinación con cualquier otro. Siéntase libre de elegir una actividad al azar o de utilizarlo como parte de su programa de estimulación planificada para su bebé. Recuerde que cada actividad de estimulación o juego que realice con su bebé aportará algo positivo a su desarrollo general.

Su actitud

Su actitud hacia los progresos de su bebé influye significativamente en su relación con él y en el grado de estimulación efectiva que le proporciona. Es esencial alcanzar un equilibrio entre la insuficiencia y el exceso de estimulación; en muchos casos, un bebé no se desenvuelve bien en situaciones extremas. Por una parte, si adopta una actitud más distante, podría no estimularlo suficientemente, provocándole inquietud y aburrimiento, y eso seguro que no contribuye a su desarrollo; y por otra parte, si usted demuestra un exceso de celo, puede estimularlo excesivamente y hacerle sentirse infeliz, cansado e irritable. El reto que tiene que afrontar es equiparar el grado de estimulación con las necesidades y capacidades de su bebé para que su motivación sea alta.

Cómo lograr el equilibrio adecuado

Procure mantener una actitud equilibrada cuando estimule a su bebé, ya que hacerlo demasiado o insuficientemente puede resultar contraproducente. Por supuesto, usted quiere lo mejor para su bebé a medida que crece, a fin de que sea inteligente, vital y despierto. Todos los padres lo desean. Pero no caiga en la trampa de pensar que «más de lo mismo» significa necesariamente «mejor». Si cree que le está presionando demasiado –porque ve algunos de los signos mencionados en la página 11– retroceda un paso y rehaga el programa de actividades que había diseñado. Haga lo mismo si le preocupa que no reciba suficiente estimulación.

Para saber que el equilibrio alcanzado es sano, la mejor manera es observar a su bebé. Si está motivado, disfruta con los juguetes y juegos cotidianos, tiene una jovial expresión facial y reacciona positivamente a usted cuando juega con él, puede tener la seguridad de que lo está estimulando correctamente.

▲ *Felizmente absorta en sus juegos, esta niña de 7 meses se beneficia dedicando un tiempo a jugar sola.*

Cinco signos de que su bebé está insuficientemente estimulado

Si su bebé no recibe suficientes estímulos, puede presentar las características siguientes:

1. Falta de impulso. Una falta de estimulación reduce su motivación y su nivel de actividad en general. Se acostumbra tanto a no tener nada que hacer que, con el tiempo, se siente cómodo simplemente tumbado en su cuna. Prefiere la inactividad.

···· Consejos ····

1. No se obligue a jugar con su bebé.
Si ha pasado un día largo y agotador con él y el cansancio le impide seguir jugando, deténgase. Es casi seguro que él estará tan cansado como usted y también preferirá descansar.

2. Déjelo jugar libremente. Su bebé necesita ratos durante el día para explorar, jugar y descubrir por sí mismo, sin participación ni dirección alguna por parte de un adulto. Asegúrese de que disfruta de oportunidades de jugar libremente cada día.

3. Observe cómo juega con sus juguetes. Si recurre siempre al mismo juguete todos los días y su juego es repetitivo y sin aventura, es hora de que usted se involucre más para ampliarle su capacidad de juego.

4. Participe sin dominar. Al estimular a su bebé, recuerde que hay una diferencia entre jugar con él e imponerse. Propóngale nuevas ideas, pero deje que sea él quien juegue, no usted.

5. Que sea divertido. Tanto usted como su bebé deberían disfrutar de su interrelación. Si el juego deja de ser divertido –para cualquiera de los dos–, quizá haya demasiada o insuficiente estimulación.

2. Pasividad. Un bebé que carece de estimulación pronto se vuelve pasivo, incluso cuando se le proponen actividades y ofrecen juguetes. Aunque mire los objetos que llaman su atención, no está preparado para implicarse activamente con ellos.

3. Inquietud fácil. Los bebés prefieren un ambiente tranquilo, más que uno bullicioso y ajetreado. En este último caso, se ponen nerviosos y se alteran cuando los acontecimientos interfieren en su vida. Se echarán a llorar, por ejemplo, si alguien intenta jugar con ellos.

4. Falta de expresión. La letargia general se manifiesta también de otros modos. En concreto, sus expresiones faciales son menos comunicativas, sus sonrisas menos animadas, sus ojos menos chispeantes. Sus movimientos corporales en general son menos dinámicos.

5. Pocas protestas. La mayoría de los bebés lloran de vez en cuando: es su modo de explicar a los demás que no son felices. Un bebé poco estimulado llora con menos frecuencia porque reacciona menos a su propia incomodidad. Se acomoda a vivir con menos estímulos.

Cinco signos de que su bebé está excesivamente estimulado

Si su bebé está demasiado estimulado, puede presentar las características siguientes:

1. Irritabilidad. Igual que usted empieza a sentir irritación cuando hay demasiado ruido y mucha actividad a su alrededor, su bebé también. No le gusta que le bombardeen con actividades estimulantes a todas horas del día.

2. Falta de concentración. La concentración de un bebé fluctúa, en el mejor de los casos. Un exceso de estimulación reduce aún más su capacidad de concentración, y es habitual que pase de un juguete a otro cada pocos segundos.

▲ *Si usted comprende la personalidad de su hijo, podrá juzgar mejor cuánta y qué tipo de estimulación necesita.*

3. Cansancio. Tarde o temprano llega la sensación de cansancio. De pronto, descubre que su bebé no busca el último juguete que le ha comprado. En cambio, se limita a mirarlo: ya tiene bastante estimulación por el momento.

4. Inquietud. Un exceso de estimulación reduce la necesidad de su bebé de pensar por sí mismo; no tiene que molestarse en buscar sus propias experiencias de diversión o aprendizaje. En consecuencia, está inquieto hasta que usted le ofrece la siguiente actividad estimulante.

5. Incapacidad de dormir. Su bebé sólo puede dormir cuando está tranquilo y relajado. El exceso de estimulación le mantiene demasiado activo a la hora de dormir y experimenta dificultades para desconectar. Sus pautas de sueño quedan interrumpidas.

Introducción

al desarrollo

Naturaleza o crianza

La postura de los padres en el debate sobre el binomio naturaleza-crianza influye en su interacción con su bebé. Si usted cree en la influencia preeminente de la naturaleza, dará por supuesto que las características innatas, la capacidad de aprender y la personalidad determinan qué clase de persona será su bebé y que sus propias aportaciones como progenitores no tendrán mucha influencia. Por el contrario, si cree en la influencia decisiva de la crianza, supondrá que el desarrollo es totalmente dependiente del modo de criar al bebé y del grado de estimulación que experimente durante la infancia. Es posible adoptar una actitud intermedia, reconociendo la importancia del talento innato de su bebé y también del entorno en el que se críe.

A ambos lados

El debate sobre naturaleza-crianza se conoce también como debate herencia-ambiente. El término «naturaleza» hace referencia a todas las características y cualidades que tiene un bebé al nacer, aunque no sean completamente evidentes en esta etapa inicial. Muchas características físicas se heredan de los padres y predeterminan ciertos aspectos del desarrollo infantil. Por ejemplo, la estructura genética

de su bebé determina de qué color serán sus ojos y su cabello, qué estatura tendrá e incluso su peso corporal natural.

La posición favorable a la naturaleza acepta el argumento de que, como muchas cualidades físicas son heredadas, no hay razón para que muchas características psicológicas no lo sean también. Ésa es la causa, por ejemplo, de que los niños tengan a

menudo la misma personalidad y los mismos gestos que sus padres. Si los rasgos físicos se heredan durante la concepción y están presentes desde el nacimiento, quizá todas las pautas de desarrollo de un niño se hereden también del mismo modo.

Por el contrario, el término «crianza» sugiere que muchas características de un bebé reciben la influencia de su entorno, en particular el modo de educarlo dentro de la familia. Por ejemplo, los padres inteligentes dan prioridad a la estimulación de su bebé y por lo tanto tienden a tener hijos inteligentes; y los padres sensibles enseñan a sus hijos a comportarse de un modo cariñoso cuando se relacionan con los demás. Algunos llevan más lejos este argumento y afirman que ninguna característica personal es hereditaria y que cada niño nace como una tabula rasa (pizarra en blanco), esperando a que la experiencia escriba sobre ella las pautas de su desarrollo.

◀ *Su bebé manifestará su carácter único desde el nacimiento, incluso hasta en cómo prefiere que le aúpen.*

Interacción

Pocos profesionales del desarrollo infantil adoptan una de las dos posturas extremas. En cambio, está ampliamente reconocido que, si bien cada niño tiene un potencial basado en su estructura genética al nacer, la verdadera influencia sobre su desarrollo es la interacción que se produce entre sus capacidades hereditarias y el ambiente en el que se cría. El actual debate

◀ *Con independencia de los rasgos hereditarios, las atenciones cariñosas de los padres aumentan la sensación de placer y seguridad del bebé.*

Tomando el ejemplo de la estatura, un niño puede tener el potencial genético de crecer hasta determinada altura, pero es poco probable que la alcance si está desnutrido en la etapa preescolar. Otros factores como la salud, la precariedad económica y los valores familiares tienen un efecto similar. La evidencia demuestra que los niños criados en una familia donde la violencia es la norma son más agresivos en las interacciones con sus iguales.

«naturaleza-crianza» no es una discusión de «lo uno o lo otro», sino que se centra en la contribución relativa que cada influencia aporta al crecimiento y al desarrollo de un bebé. Hay pruebas que apoyan ambos planteamientos.

Los estudios con gemelos que fueron separados y criados por familias distintas, como consecuencia de haber sido adoptados desde el nacimiento, han descubierto similitudes asombrosas entre la personalidad y las habilidades de cada uno, con independencia de su educación individual. Por añadidura, también se han encontrado similitudes entre niños adoptados y sus padres naturales, aunque los pequeños fueran criados por otras personas. Este tipo de datos científicos confiere un peso considerable a la visión hereditaria del desarrollo infantil.

No obstante, existen muchos ejemplos en los que las características físicas que son indudablemente hereditarias pueden recibir la influencia directa del entorno.

▶ *El modo de estimular y animar al bebé durante sus primeros 15 meses de vida tiene una importancia real.*

El desarrollo de su bebé es una combinación de todos estos factores y del modo como interactúan en cada momento de su vida. En consecuencia, ser padres no consiste en quedarse al margen y esperar pasivamente a que se despliegue el plan genético. Lo que usted haga con su bebé mientras crezca establecerá una verdadera diferencia en su desarrollo a largo plazo.

✦✦✦✦ Consejos ✦✦✦✦

1. Adopte una actitud práctica. Nadie puede cuantificar exactamente qué impacto tiene usted sobre su bebé, pero el sentido común y la experiencia cotidiana indican que le afecta enormemente cómo se comporta con él.

2. Tenga expectativas razonables. Aunque usted puede influir en los progresos de su bebé, es poco probable que vea cambios instantáneos en su desarrollo. Espere que progrese sin prisa pero sin pausa y no sufrirá una decepción.

3. Trátelo como individuo. Su bebé puede tener los mismos padres y entorno familiar que sus demás hermanos, pero reacciona a ellos de una manera única. El desarrollo no es enteramente predecible, varía de un hijo a otro.

4. Disfrute con sus logros. Tanto si dependen de la «naturaleza» como de la «crianza», saboree todas las capacidades y habilidades nuevas de su bebé. Eso le hace sentirse bien consigo mismo y le motiva a seguir progresando.

5. Estimule a su bebé de todos modos. La incapacidad de los profesionales de especificar el efecto concreto que usted puede tener en su bebé no debería desanimarle de aplicar las actividades sugeridas en este libro. Hágalo de todos modos.

Orden de nacimiento y personalidad

Existe una relación entre el orden de nacimiento de un bebé y su desarrollo subsiguiente. En otras palabras, sus progresos durante la infancia están influidos hasta cierto punto por su posición en la familia (es decir, por ejemplo si es el primogénito, el del medio, hijo único o el benjamín). Los estudios científicos confirman que algunas características –incluyendo el temperamento, la capacidad de aprendizaje, la de resolver problemas, las habilidades sociales y la confianza– se asocian con cada una de las principales posiciones dentro de la familia al nacer. Sin embargo, recuerde que el orden de nacimiento es sólo una de las numerosas influencias sobre el desarrollo de su bebé y que su efecto puede compensarse según cómo lo críe.

▲ *Los niños mayores dominan a menudo a los más pequeños, y a veces es necesario que intervengan los adultos.*

Características habituales

Éstos son algunos descubrimientos clave de los estudios psicológicos:

• **Los primogénitos tienden a ser más inteligentes que sus hermanos y a pensar clara y racionalmente.** Es probable que sean los que más éxito tengan en la vida, comparados con sus hermanos.

• **Los segundos frecuentemente se preocupan menos por seguir las normas.** Prefieren ir contracorriente y desafiar el pensamiento convencional.

Su segundo hijo quizá fuerce las normas hasta el límite.

• **Los benjamines son los más capaces de todos los hijos de soportar las tensiones y presiones de la vida cotidiana.** Su hijo menor probablemente tenga confianza en sí mismo y sea capaz de resolver los problemas por sí solo, sin buscar ayuda.

• **Los hijos medianos suelen ser los de temperamento más moderado y prefieren resolver los conflictos pacíficamente.** El hijo del medio también es probablemente más protector con sus

▶ *Los más pequeños aprenden mucho observando, copiando y jugando con sus hermanos y hermanas mayores.*

hermanos mayores y menores; en ocasiones puede sentirse marginado.

• **Los hijos únicos habitualmente se relacionan bien con los adultos.** Sin embargo, es posible que su hijo único sea autosuficiente y cuando se relacione con otros manifieste dotes de liderazgo.

❖❖❖❖ Consejos ❖❖❖❖

1. Interésese por los progresos de todos sus hijos. Todo niño necesita sentirse valorado por sus padres. Los logros de los más pequeños son especiales para ellos, aunque usted ya haya pasado por esa etapa con los mayores.

2. Deje que las características naturales del niño se manifiesten. El segundo hijo, por ejemplo, puede estar desesperado por conseguir tan buenas notas en el colegio como su hermano mayor. En ese caso, se merece que usted lo apoye también en esto.

3. Convierta el turnarse en un sello distintivo de su familia. Los hijos mayores a menudo creen que tienen todo el derecho de ponerse los primeros de la cola en cada ocasión. Pero el juguete más nuevo también puede ser para el más pequeño de vez en cuando.

4. Escuche a todos sus hijos. Tómese en serio a su hijo mediano cuando diga que su hermano mayor tiene más libertad y su hermana pequeña está malcriada. Permítale expresar sus sentimientos y demuéstrele que le escucha.

5. Alabe el esfuerzo, además del éxito. Lo que importa es que cada uno de sus hijos intente hacerlo lo mejor que pueda. Naturalmente, a usted le encantará que uno de ellos logre algo importante, pero eso no debería privarle del placer de comprender los esfuerzos de los demás.

Cómo actúa el orden de nacimiento

Si lo piensa unos instantes, no le costará adivinar por qué se producen estos distintos efectos según el orden de nacimiento. Tome por ejemplo a su primogénito. Disfruta de usted por entero durante la primera parte de su vida –puede tener 2 años o más cuando nazca su primer hermano– y esto significa que usted pasa con él todo el tiempo que dedica a «los hijos». El esfuerzo que usted dedica a estimular su desarrollo no tiene que compartirse con ningún otro hijo. Con ese grado de atención por su parte, no es de extrañar que sea tan inteligente y despierto, ni que esté tan motivado.

Y el hecho de que al que nace después le guste forzar las normas y busque lo provocador se debe probablemente a que quiere ser diferente de su hermano o hermana mayor. Su segundo hijo quiere forjar su propio destino; no quiere vivir a la sombra de sus hermanos mayores, tan eficaces, y la mejor manera de evitar esa trampa, por lo que a él respecta, es seguir un camino totalmente distinto.

▼ *Es importante que dedique una atención personalizada equitativamente entre todos sus hijos, pero también hay muchas oportunidades para que todos participen de la diversión.*

El motivo por el que los más pequeños tienden a ser los más independientes es en gran medida «por necesidad». ¡No hay nada como vivir con la perspectiva de ocupar siempre el último lugar de la cola de la familia para afinar las habilidades de supervivencia del benjamín!

Asumir el control

Intente comprender cómo el orden de nacimiento puede moldear el desarrollo de sus hijos, porque eso le ayudará a garantizar que no resulten indebidamente afectados por esta influencia potencial. Contemple la vida de sus hijos desde su punto de vista e imagine lo que debe ser tener cada posición particular dentro de la familia.

Después haga lo que pueda para asegurar que el orden de nacimiento no tiene un efecto desproporcionado en la vida de sus hijos. Por ejemplo, ponga énfasis en pasar tiempo estimulando a su segundo hijo aunque ahora tenga que cuidar de dos; no suponga siempre que su hijo mayor debe ser responsable de los más pequeños cuando jueguen juntos; deje que éstos sean a veces los que elijan el programa de televisión que ve la familia.

Rivalidad entre hermanos

En cuanto tenga un segundo hijo –de hecho, en cuanto su bebé primogénito se dé cuenta de que está en camino un hermanito o hermanita–, usted necesitará plantearse la posibilidad de que se cree cierta rivalidad entre ambos. Los celos entre los hijos de los mismos padres son tan habituales que la mayoría de los psicólogos los consideran normales, y surgen porque cada uno tiene que competir por su parte del tiempo y la atención de los padres. La magnitud de tal rivalidad entre hermanos depende de muchos factores, incluyendo la diferencia de edades entre ellos, las técnicas que usted utilice para ayudarles a resolver los conflictos y cómo se relaciona con ellos.

Sobre la rivalidad entre hermanos

Los celos entre hermanos se manifiestan de muchas maneras. Su hijo de dos años, por ejemplo, puede volverse malhumorado y retraerse cuando nazca su hermana pequeña; o bien su hija de 4 años puede protestar de que su hermanito de 2 siempre le coja los juguetes sin pedírselos. Pero la rivalidad entre hermanos no se limita al primogénito. Los estudios psicológicos demuestran que los hijos segundo y tercero pueden ofenderse por el nacimiento del siguiente, aunque ya se hayan acostumbrado a vivir con otros miembros de la familia. El benjamín también puede estar celoso de sus hermanos mayores; su bebé de 15 meses, por ejemplo, quizá rompa a llorar cuando vea que usted acuna a su hermana mayor porque quiere todo su amor para sí.

Lo más probable es que usted experimente la rivalidad entre hermanos con sus hijos cuando el benjamín tenga alrededor de 3 o 4 años; es a esta edad cuando realiza un serio esfuerzo por afirmar su personalidad, y un hermano es considerado a menudo

una amenaza en ese momento. Cuando su hijo tenga unos 2 años, probablemente expresará sus celos pegando a sus hermanos, en lugar de hablar con ellos. Sin embargo, no se sorprenda de las diferencias individuales entre sus hijos cuando se trate de rivalidad entre hermanos; uno puede estar muy pendiente de

todo lo que haga un hermano mientras que otro quizá no muestre el menor interés.

▼ *Permita que los niños que ya caminan toquen a su nuevo hermano o hermana con delicadeza, porque necesitan sentir que participan en la llegada del bebé de la manera más amplia posible.*

La diferencia de edades entre sus hijos también puede afectar a la intensidad de los celos entre ellos. Los estudios psicológicos demuestran, por ejemplo, que la rivalidad entre hermanos tiende a ser máxima cuando la diferencia de edades se sitúa entre los 18 meses y los 2 años, y tiende a ser mínima cuando dicha diferencia es mucho mayor o mucho menor. Si el primogénito es muy pequeño cuando nazca el segundo hijo, apenas notará su llegada porque estará muy absorto en sí mismo; y si tiene varios años cuando nazca el siguiente, probablemente no se sentirá amenazado por la presencia de un nuevo bebé, porque ya estará seguro de sus relaciones y tendrá una rutina diaria bien asentada.

Cuando apenas camina

Es la diferencia de edades intermedia la que causa más problemas. Al niño que empieza a caminar le gusta hacerlo todo a su manera y quiere que el mundo gire a su alrededor. Quizá se sienta molesto por la presencia de un recién nacido en la familia, porque ese hermano o hermana menor también necesita gran cantidad de atenciones.

Para una madre embarazada de su segundo hijo cuando el primero apenas camina, es importante hablar de lo que se avecina en cuanto empiece a notársele el embarazo, probablemente alrededor del cuarto o quinto mes. Explíquele que el recién nacido le querrá y que él también debe quererlo. El primero necesita reafirmarse en ese momento, por lo que conviene responder abierta y sinceramente a cualquier pregunta que formule. Permítale comprar un regalo para el recién nacido y asegúrese de que el bebé tiene un regalo para el mayor el día en que se conozcan (un regalo que usted llevará en la canastilla cuando vaya a la maternidad).

Recuerde que el primogénito sigue necesitando que le quieran y valoren, especialmente cuando el recién nacido sea el centro de atención. A pesar de la agobiante rutina de cuidar de un segundo hijo al mismo tiempo que se ocupa del que empieza a caminar, intente encontrar tiempo para estar a solas con el primogénito todos los días.

▼ *Anime a sus hijos a jugar juntos y a colaborar con el otro, incluso durante su rutina diaria.*

Diferencias de sexo

Las diferencias entre niños y niñas no son sólo biológicas, también hay diferencias psicológicas significativas. No obstante, a menudo se tienen visiones estereotipadas sobre ello. Por ejemplo, hay quien afirma que, de bebés, los niños lloran más que las niñas; en realidad, lloran lo mismo, pero como los niños tienen un tono de voz más grave, parece que lloren más. Y hay quien asegura que las niñas más pequeñas son más frágiles que los niños de su misma edad, pero los embriones femeninos son más resistentes que los masculinos y menos susceptibles de malograrse. Es importante distinguir los hechos de la ficción, porque las expectativas de los padres hacia el sexo de los hijos afectan a su desarrollo.

Posibles diferencias en hechos

He aquí algunos hechos sobre las diferencias de sexo hasta los 15 meses de edad:

• **Un niño suele ser más atrevido que una niña; es más probable que sea incluso arriesgado.** Aun así, hay evidencias de que los padres aceptan tácitamente este tipo de conducta por parte de sus hijos varones pero no de sus hijas, y así tienden a animar inadvertidamente tales diferencias.

• **Los niños tienden a sufrir más problemas de desarrollo que las niñas, y éstas suelen aprender a decir la primera palabra antes que los niños.**

Las niñas también suelen tener una mejor coordinación oculomanual durante el primer año.

• **Los padres reaccionan de un modo distinto ante los bebés varones que ante las niñas.** Por ejemplo, es más probable que toleren un comportamiento agresivo de un niño que de una niña. La agresividad se reprime en el acto si procede de una niña.

▼ *Estos niños empiezan a reconocerse.*

La conciencia de las diferencias de sexo surge muy pronto en el bebé. A la edad de sólo 3 meses, conoce la diferencia entre el rostro de un hombre y el de una mujer. Por ejemplo, si le muestran docenas de fotografías de mujeres, pronto perderá el interés y su atención derivará, pero en cuanto vea la fotografía de un hombre, recuperará su concentración.

A los pocos meses, su capacidad de reconocer estas diferencias se amplía no sólo a los rostros, sino también a las voces. Los científicos mostraron a unos bebés una serie de fotos de hombres y mujeres, cada una acompañada por la voz de un hombre o de una mujer. Cuando el sexo de la voz coincidía con el de la fotografía, los bebés miraban la imagen más rato que si no coincidían. A los 6 meses, un bebé ya diferencia entre hombres y mujeres sólo por el tono de voz.

Al año, los varones probablemente mostrarán preferencia por jugar con niños más que con niñas cuando se encuentren en un grupo mixto. Cierto estudio descubrió que los niños de 1 año seguían buscando la compañía de otros varones para jugar, aunque todos vistieran ropa unisex.

El origen de las diferencias de sexo

Una explicación de estas diferencias se basa en el hecho científico de que existen diferencias biológicas entre niños y niñas. Por ejemplo, durante el embarazo y al nacer, los niños tienen más alto el nivel de testosterona, lo que se asocia a la agresividad y a una mayor actividad. Y algunos afirman que, como las mujeres están preparadas físicamente para tener hijos mientras que los hombres no, deben tener un instinto biológico que las impulsa a ser protectoras y dóciles; por eso,

según los defensores de estas teorías, a las niñas les gusta jugar con muñecas mientras que los niños prefieren actividades más atrevidas.

La otra explicación extendida de las diferencias de sexo se basa en el supuesto de que estas diferencias son aprendidas. Por ejemplo, hay pocos padres que describan a sus recién nacidos varones como «príncipes» y le compren ropa de color rosa, mientras llaman «machotas» a sus hijas y les compran ropa azul. Mediante este proceso, afirman los defensores de esta teoría, las diferencias se refuerzan cuando los bebés aprenden las diferencias que los padres ya mantenían.

No hay una respuesta clara a este debate sobre los orígenes de estas diferencias. Es razonable pensar que hay un componente biológico, pero también tiene sentido aceptar que la influencia de los padres también juega algún papel. Estos factores distintos interactúan para crear las actitudes de su bebé hacia las diferencias de sexo.

◀ *Si los padres no los desaniman, a los niños les gusta jugar con muñecas y ositos de peluche tanto como a las niñas jugar con trenes.*

✦✦✦✦ Consejos ✦✦✦✦

1. Conózcase usted primero. Piense en sus propias actitudes hacia los niños y las niñas. Prepárese para animar a su hijita cuando empiece a explorar igual como lo haría con su hijo varón.

2. Ofrézcale una amplia gama de juguetes. No tiene sentido poner los muñecos de trapo y las muñecas fuera del alcance de su hijo mientras rodea a su hija con ellos. No se preocupe si él muestra interés por juguetes que normalmente se asocian a las niñas.

3. Demuéstrele su afecto a su bebé tanto si es niño como niña. A los niños les gusta que usted los ame y los arrulle tanto como a las niñas. Con independencia de sus características individuales, quiere su atención y muchos mimos.

4. Confíe en su capacidad como madre o padre. Confíe en sus instintos y no se preocupe por lo que los demás digan sobre cómo deberían portarse los niños y las niñas. Ahí no hay nada obligatorio; depende enteramente de usted.

5. Dé buen ejemplo. Lo que su bebé aprende de las diferencias entre hombres y mujeres también recibe la influencia de lo que usted cree y hace. Si, por ejemplo, sólo le cambian y juegan con él mujeres, crecerá pensando que eso es cosa de mujeres.

Los abuelos

Los abuelos de un bebé pueden desempeñar un papel importante y especial en su vida. Probablemente estarán encantados con la oportunidad de dedicarle su amor, su atención y sus recursos, saboreando cualquier ocasión de pasar un rato con su nieto o su nieta. Esta relación contribuye al desarrollo de su bebé. Y los abuelos también pueden desempeñar un gran papel en la vida de sus hijos y sus nietos. Ya tienen la experiencia de criar hijos y estarán dispuestos a compartirla para ayudarles a cuidar del bebé. Por supuesto, existe el peligro de que los abuelos se vuelvan demasiado dominantes, pero esto suele resolverse mostrando una actitud sensible.

Implíquese

El estereotipo tradicional de los abuelos los presenta como excesivamente indulgentes, ansiosos por malcriar a sus amados nietos a la que pueden. Los estudios psicológicos, sin embargo, demuestran que la verdadera realidad es más compleja. En la actualidad, los abuelos suelen ser más jóvenes que antes (incluso de cuarenta o cincuenta años) y es probable que estén sanos, activos y trabajando a jornada completa. Por lo tanto, no es tan probable que tengan mucho tiempo libre para pasar con sus nietos. Por otra parte, algunos niños viven con sus abuelos (y no con sus padres), y en

▶ Los abuelos están a menudo en situación de proporcionar a sus nietos atenciones y amor concentrado, lejos de las tensiones de la vida cotidiana familiar.

estos casos los abuelos son los únicos que cuidan de ellos.

A su bebé le encanta que sus abuelos vengan a verlo: su excitación cuando llegan es evidente. Sin embargo, desarrollará un apego emocional más fuerte si además pasa tiempo a solas con ellos, mientras usted no esté. No es tanto que los abuelos se inhiban

en presencia de sus propios hijos como que su bebé probablemente les dedicará más atención. Necesitan pasar tiempo juntos para cimentar esta especial relación.

Estilos de abuelos

No todos los abuelos tratan a sus nietos del mismo modo. Los psicólogos han identificado varios «estilos de ser

abuelo» que describen distintos modos de participar en la vida familiar por parte de los abuelos.

• **Tradicional.** Les gusta visitar a sus nietos con regularidad y aceptan cualquier oportunidad de quedarse con ellos un tiempo. Pero intentan no ser dominantes para que sus hijos no les acusen de querer influir en la educación de los pequeños.

• **Juguetón.** Estos abuelos quieren participar más y jugarán con el bebé y se lo llevarán de paseo siempre que puedan. Quieren una relación cálida y amorosa con sus nietos, basada en el amor mutuo.

• **Autoritario.** Estos abuelos se consideran los cabezas de familia y creen que sus hijos deben consultárselo todo, en especial en cuanto a la manera de criar a los nietos. Tienen ideas muy fijas.

• **Distante.** Los cambios de la sociedad implican que muchas veces los abuelos vivan muy lejos de sus nietos, quizás en la otra punta de la ciudad o en una totalmente distinta y tengan pocas ocasiones de estar con sus nietos.

Sea cual sea el estilo que adopten los abuelos, recuerde que una relación positiva entre ellos y el bebé –y entre ellos y usted– será beneficiosa para el pequeño. Las relaciones de su bebé con usted no se verán amenazadas por una sólida vinculación emocional con ellos; al contrario, cuanto más feliz sea un bebé, más fácil le será relacionarse con los demás el resto de su vida. Puede amar a sus padres y a sus abuelos al mismo tiempo.

Por eso lo mejor es resolver cualquier fricción entre usted y los abuelos del bebé en cuanto surja. En las familias, los pequeños malentendidos crecen fácilmente hasta convertirse en enormes desavenencias si no se abordan adecuadamente, y antes de que se dé cuenta, usted y los abuelos del bebé se habrán enemistado. Así, si descubre que no está de acuerdo con ellos –quizá porque han hecho algo con su bebé cuando usted les había pedido que no lo hicieran–, sea sincero y directo con ellos, exprese sus sentimientos abiertamente pero con calma y tacto. La comunicación sincera es el mejor medio de reducir las tensiones.

❖❖❖❖ Consejos ❖❖❖❖

1. Hágalos sentirse bienvenidos en su casa. Los abuelos no van de visita donde no sean bienvenidos; no quieren que les consideren insistentes o entrometidos. Déjeles bien claro que les invita para que sepan que desea que vengan.

2. Deje que cuiden un rato de su bebé. Quizá no esté de acuerdo con todas las opiniones de los abuelos sobre la educación de los hijos, pero usarlos de canguro o *baby sitter* es bueno para ellos, para usted y para su bebé. También son padres, por eso sabe que el bebé estará seguro con ellos.

3. Escuche sus consejos. Naturalmente, el bebé es suyo y ellos son los abuelos, y las decisiones sobre cómo hay que cuidarle dependen de usted. Pero no hay nada malo en escuchar al menos sus comentarios.

4. Proponga ideas de juegos. Probablemente haya pasado mucho tiempo desde que jugaron por última vez con un bebé y al principio quizá no estén muy seguros de acordarse. Sugiérales juguetes y actividades para que jueguen con el bebé. La confianza de los abuelos aumentará rápidamente.

5. Comparta con ellos los momentos felices. Estarán encantados de enterarse de cada nueva hazaña de su bebé, de cada nueva etapa que alcance. Y su alegría estimulará su propio regocijo. Manténgalos puntualmente informados.

▶ *Los abuelos pueden realizar valiosas contribuciones prácticas ayudando a cuidar a sus nietos.*

Comunicación no verbal del bebé

Hasta que su bebé desarrolle el lenguaje hablado inteligible (normalmente hacia el final del primer año), depende de la comunicación no verbal para expresar sus sentimientos e ideas. Aparte del llanto como medio de comunicación, el bebé utiliza el lenguaje corporal, por ejemplo sus expresiones faciales y movimientos de brazos y piernas. Cuanto más comprenda usted su lenguaje corporal en esta fase, más estrecha será la conexión emocional entre ambos. Además de sintonizar con su comunicación preverbal, usted puede hacer muchas cosas para animarlo a utilizar la comunicación no verbal con mayor eficacia.

Dimensiones de la comunicación no verbal de su bebé

Las principales características del lenguaje no verbal durante los primeros 15 meses son:

• **Llanto.** Ésta es la manera instintiva de su bebé de hacerle saber que no es feliz. Al principio llora sólo cuando tiene hambre o le duele algo, pero a medida que vayan pasando los meses, su llanto se volverá progresivamente más variado y expresivo.

• **Expresión facial.** Su bebé es capaz de transmitir toda una gama de emociones simplemente variando la expresión de su rostro. Sólo con ver su aspecto se puede decir cuando está, por ejemplo, contento, triste, satisfecho, incómodo, cansado, asustado, dolorido o enfadado.

• **Movimientos de manos y brazos.** En pocos meses su bebé empezará a utilizar las manos para intentar agarrar lo que quiera, y también para apartar objetos o a personas. Es una clara expresión de sus deseos y no cuesta nada en absoluto entenderlos.

• **Movimientos de piernas y pies.** Cuando esté acostado en la cuna,

de muy pequeño, los movimientos enérgicos de las piernas indicarán que está contento y animado, o bien que está alterado o que le duele algo. Cuando tenga más movilidad, se alejará de lo que no le guste.

▲ *A los 5 meses, la expresión de susto de esta niña revela exactamente cómo se siente.*

• **Movimientos corporales.** Usted sabrá que su bebé no está tranquilo cuando se retuerza en la cuna. Instintivamente le preguntará «¿Qué te pasa?» porque sus movimientos corporales esporádicos le habrán indicado que no es feliz o que se siente incómodo.

• **Contacto físico.** Arrimándose a usted para que lo abrace o arrulle, su bebé le hará ver inmediatamente que está bien y a gusto en su compañía. Le explicará exactamente lo contrario cuando forcejee furiosamente en sus brazos.

Cuanto más responda al lenguaje corporal de su bebé, más comprenderá el objetivo de la comunicación, y eso es bueno también para el desarrollo de su capacidad de hablar. Por ello conviene que sintonice usted con el significado de su comunicación no verbal. Muy pronto descubrirá que entiende exactamente lo que él quiere decirle. Y cuando sepa que ha interpretado con precisión su lenguaje corporal –por ejemplo, deja de llorar en cuanto le cambian los pañales–, aumentará su confianza en la capacidad de responder a las necesidades de su bebé. De paso, también aumentará su confianza en los cuidados y el amor que le dispensa.

No olvide que el mismo gesto puede tener un significado diferente en contextos distintos. Por ejemplo, arrojar un juguete al suelo puede indicar nerviosismo, enfado o incluso simple aburrimiento.

▲ *La sonrisa y el movimiento de las manos de esta niña* (izquierda) *muestran su excitación por algo que ha visto. La expresión y el gesto del niño nos indican que se ha dado un golpe en la cabeza, pero no muy fuerte.*

✦✦✦✦ Consejos ✦✦✦✦

1. Obsérvelo. La mejor manera de familiarizarse con el lenguaje corporal de su bebé es observarlo en diferentes situaciones. Así aprenderá progresivamente las numerosas formas de comunicación no verbal que emplea con usted.

2. Haga algo práctico. Si cree que intenta decirle algo que requiere cierta acción (por ejemplo, está nervioso porque quiere mimos), realice esa acción. Esto refuerza su deseo de comunicarse.

3. Imite sus actos. Si usted no sabe con seguridad lo que intenta decirle el lenguaje corporal de su bebé, quizá consiga comprenderlo mejor copiando sus gestos; pregúntese qué se siente cuando realiza esos movimientos.

4. Explique su interpretación a su bebé. Dígale, por ejemplo: «Veo que me estás diciendo que quieres comer algo». Así le ayudará a entender que existe una conexión entre la comunicación no verbal y el lenguaje hablado.

5. Coméntelo con otras personas. Le resultará útil hablar con otras personas del lenguaje corporal de su bebé, siempre que le conozcan bien. Así podrá comparar sus propias opiniones con las de ellos, a fin de evaluar la exactitud de su interpretación.

Por eso debe buscar grupos de gestos, los que constituyan una combinación de expresión facial, movimientos de brazos y piernas y movimientos corporales. Obtendrá una imagen más exacta de lo que comunica cuando interprete un grupo de mensajes corporales, más que un solo gesto específico.

Hablar

Aunque su bebé se encuentre en un estadio preverbal y por eso utilice el lenguaje corporal para conectar con usted, aun así debería hablarle con palabras, ya que así estimulará su comunicación no verbal de varias maneras. Primero, le hará saber que usted es capaz de comunicarse con él y tratará con más empeño reaccionar a lo que le diga.

Segundo, él estudiará su expresión facial con mucha atención mientras usted le hable y así aprenderá acerca de rasgos no verbales como los ojos, la frente, la boca y el tono de voz. Su bebé utilizará el lenguaje corporal que usted le muestre como modelo para copiarlo.

Tercero, hablar con su bebé aliviará su frustración y le hará sentirse entendido, y ese estado emocional de calma le animará a ser más comunicativo.

El llanto

Todos los bebés lloran de vez en cuando, aunque unos más que otros. Llorar es su manera de decir que algo le preocupa: por ejemplo, puede sentir incomodidad, dolor, frío, hambre, cansancio, aburrimiento o sed. Es su modo natural de comunicarse antes de saber usar el lenguaje hablado. Al principio, todos sus lloros suenan igual, pero pronto aprenderá usted a diferenciar qué significa cada tipo de llanto. El bebé llora con más frecuencia durante los primeros 3 meses y luego su llanto va remitiendo. Los estudios han descubierto además que muchos bebés lloran sin que exista una causa explícita.

Qué hacer

Cuando su bebé llore, compruebe siempre al principio las posibilidades obvias. Quizá necesite comer, o tenga demasiado frío. Considere también la posibilidad de que simplemente quiera atención, o que esté enfermo. En cuanto haya descartado estas opciones, hágale mimos para darle seguridad: con eso quizá no deje de llorar inmediatamente, pero ayudará mucho. La calidez del contacto físico cariñoso y las vibraciones de los latidos del corazón del adulto tranquilizan al bebé que solloza. También usted se sentirá mejor sabiendo que ambos están muy próximos.

Aunque las lágrimas puedan ser inquietantes, no se desanime por un llanto persistente. Entre el nacimiento y los 3 meses de edad, el bebé llora probablemente un total de hasta 2 horas al día (aunque no seguidas). Después, la cantidad de llanto diaria se reduce

◁ Llorar es una manera que tiene un recién nacido de comunicar sus necesidades.

a la mitad, aunque incluso sólo una hora al día basta para poner nerviosa a mucha gente. Recuerde que no hay ninguna prueba que respalde la creencia popular de que, de bebés, los niños lloran más que las niñas.

Técnicas tranquilizadoras

Pruebe las siguientes estrategias para calmar a un bebé que llora:
• **Movimiento.** El simple hecho de mecerlo suavemente en brazos o en el cochecito tiene un efecto tranquilizador. A veces dejará de llorar sólo con cambiarlo de posición en la cuna.
• **Tacto.** Quizá deje de llorar si usted lo mece con suavidad pero con firmeza en un baño templado. Abrazarlo estrechamente tiene a menudo el mismo efecto. Si está realmente nervioso y no quiere que le sujeten, déjelo en la cuna mientras le acaricia suavemente las mejillas y la frente.
• **Sonido.** Se sorprenderá de lo que se tranquiliza su bebé si le canta: el sonido de la voz, el tono amoroso y el ritmo familiar de las palabras son lo que

estimulan su concentración. A algunos bebés les gustan los sonidos de fondo constantes, como el ruido de una lavadora.
• **Distracción.** A veces se puede distraer al bebé de su llanto acercándole un juguete para lo vea. Su interés por el objeto le hace olvidar momentáneamente su inquietud y por eso deja de llorar de repente.

Sea cual sea la técnica que usted utilice con un bebé que llora, insista antes de intentar algo distinto. Es muy fácil sucumbir al pánico al enfrentarse a un bebé que llora con regularidad sin razón aparente y probar una cosa tras otra. El problema de esta metodología es que el bebé no se acostumbra a ninguna de las técnicas porque usted no las utiliza durante el tiempo necesario. Insista hasta convencerse por completo de que no tienen efecto sobre sus lágrimas.

Auparlo o no auparlo

Es casi seguro que le habrán dado consejos contradictorios sobre el modo de consolar a un bebé que llora; una persona le dirá que debe dejarlo

▶ *Para cuando el bebé cumpla 4 meses, usted ya se habrá hecho una idea de si su llanto significa que tiente hambre, que está cansado o incómodo, o que simplemente quiere llamar la atención.*

llorar (de lo contrario aprenderá a llorar para llamar la atención), mientras que otra le dirá que le debe hacer mimos cada vez (de lo contrario se sentirá solo y abandonado). No obstante, ambas sugerencias son demasiado extremadas.

❖❖❖❖ Consejos ❖❖❖❖

1. Mantenga la calma. El llanto persistente de un bebé puede hacer que usted desee llorar también. Eso sólo pondría más nervioso a su bebé y lloraría más. Esfuércese mucho en controlar su propio estado de ánimo.

2. Pida ayuda. Si es posible, deje que otra persona pase un rato con su bebé cuando llore. Puede ser su pareja, un amigo o un pariente, siempre que sea alguien de su confianza. Después de un descanso podrá volver a la labor con más tranquilidad.

3. No se sienta culpable. El hecho de que un bebé llore cada noche no significa que sus padres no lo estén haciendo bien. Mientras usted pueda eliminar las causas habituales de inquietud, las lágrimas probablemente no tendrán nada que ver con el modo como lo cuida.

4. Adopte una visión a largo plazo. Si su bebé llora con regularidad durante los primeros 15 meses, convénzase de que es una etapa transitoria. El llanto suele remitir notablemente poco después de cumplir 1 año.

5. Tenga confianza. El grado de confianza en su capacidad como madre o padre afecta a cómo trata a su bebé; él percibe si usted experimenta inseguridad y tensión. Por eso conviene decirse que las técnicas para calmarlo funcionarán. Adopte una visión positiva.

Utilice su propio criterio a la hora de decidir si sostiene en brazos o no a un bebé que llora. Procure ser flexible; en ocasiones, será apropiado dejarlo un rato más y otras veces lo que necesitará son mimos que le aporten confianza. Realmente, depende de usted decidir qué es lo mejor.

▼ *Los bebés lloran a menudo antes de dormirse; los padres están en mejor situación que nadie para juzgar si el bebé está inquieto o si su llanto dejará paso enseguida al sueño.*

La lactancia y el destete

La decisión de darle el biberón o el pecho a su bebé depende enteramente de usted; elija el método que le resulte más cómodo. Sin embargo, sea cual sea el método de alimentación que decida, la cuestión surgirá cuando se dé cuenta de que su bebé sigue teniendo hambre después de cada toma y de que necesita algo más que leche. Y es entonces cuando empieza el destete, cuando pasa de tomar sólo leche a tomar leche y comer alimentos sólidos. Aunque el cuerpo de su bebé les indicará a ambos que necesita sólidos, la transición quizá le resulte difícil porque estará acostumbrado al método de alimentación actual. Adopte un enfoque planificado sobre el destete para ayudarle a superar esta fase.

Lactancia inicial

La capacidad del bebé de tomar leche materna o de un biberón es instintiva. Nace con dos reflejos que lo hacen posible, a saber: el reflejo de succión (que le hace chupar automáticamente cualquier objeto que se le meta en la boca) y el reflejo de deglución (que le hace tragar automáticamente cualquier líquido que entre en su boca). La lactancia es un proceso completamente natural.

Algunos padres dan de comer a sus hijos cuando éstos lo piden, otros lo hacen siguiendo un horario. Ambos métodos tienen ventajas y desventajas:

◀ *La lactancia es un proceso natural.*

• **Lactancia a petición.** La gran ventaja de esta técnica es que el bebé no tiene que pasar hambre nunca; usted simplemente le da de comer cuando considera que él tiene ganas. Así cede el control del horario de lactancia al bebé. La gran desventaja es que puede acabar dándole de comer muchas veces a lo largo del día y la noche, sin ningún descanso prolongado, y una toma puede superponerse a la siguiente. Sin embargo, muchos profesionales de la salud recomiendan la lactancia a petición, sobre todo al principio.

• **Lactancia con horario.** El aspecto positivo de darle de comer según un horario es que así puede usted planificarse el día (y el del bebé) con más eficacia; de este modo le acostumbra a ocuparse de sus necesidades básicas. Sin embargo, el aspecto negativo es que quizá tenga hambre entre toma y toma.

◀ *En cuanto su bebé se acostumbre a los alimentos sólidos disfrutará comiendo; los alimentos que pueda sostener con sus deditos son un buen punto de partida.*

Como con el tipo de lactancia, la estrategia también depende de usted. Seleccione la que le resulte menos incómoda. En cuanto se haya decidido por la lactancia a petición o con horario, intente ceñirse a ella, en lugar de cambiar de una a la otra y viceversa. Tenga confianza en la estrategia elegida. Cambiar constantemente puede crear confusión en el bebé.

El destete

Con el tiempo, su bebé llegará a la etapa en la que simplemente no saciará su hambre sólo con leche materna o con preparados lácteos. Esto se debe a que la reserva de minerales con la que nació (hierro, por ejemplo) empieza a agotarse y él busca instintivamente algo más sustancial; las dimensiones de su cuerpo también son mayores y necesita más nutrientes para seguir creciendo.

No hay una edad concreta para que el bebé pase de la leche a los alimentos sólidos. Si parece saciarse con la leche todos los días, lo más probable es que esté tomando todo el alimento que necesita; sin duda, no obtendrá ningún beneficio nutritivo adicional por ingerir alimentos sólidos antes de los 4 meses de edad. Deje que sea él quien marque el paso. Si empieza a pedir más tomas o a despertarse más a menudo por las noches a causa del hambre, entonces quizá esté preparado para los alimentos sólidos. Esto ocurre normalmente entre los 4 y los 6 meses.

Hágalo gradualmente. Para que se acostumbre al nuevo sabor, métale en la boca una minúscula cantidad de comida con la punta de una cucharita de plástico para bebés limpia. Recuerde que sólo está acostumbrado al sabor de la leche y por eso es probable que haga muecas de disgusto cuando pruebe un alimento sólido por primera vez. Que tome leche inmediatamente después.

▶ *A los 5 meses, un bebé sigue necesitando tomar los alimentos sólidos en puré, pero entre los 6 y los 9 meses se pueden incorporar alimentos con texturas más granulosas.*

▲ *A los 11 meses, su bebé es capaz de apreciar una gran variedad de sabores y beber de un vaso con tetina.*

Más tarde, durante la misma toma, déjele probar de nuevo el alimento sólido y luego déle más leche. De este modo se irá familiarizando lentamente con el sabor de los sólidos y usted podrá ir aumentando la cantidad de éstos con la leche en cada comida.

⸭⸭⸭ Consejos ⸭⸭⸭

1. Relájese con la lactancia. Naturalmente, usted quiere que su bebé se alimente bien y es normal sentir ansiedad por si no pasa felizmente de la leche sola a la leche y los alimentos sólidos. Pero si usted está en tensión cuando le dé de comer, él también estará tenso.

2. Piense antes de darle la comida. No dé por supuesto automáticamente que su bebé llora entre comidas porque tiene hambre. Podría estar incómodo o aburrido. Compruebe otras posibilidades antes de precipitarse a organizar la siguiente toma de alimento.

3. Dé prioridad a la higiene. La limpieza es importante en la lactancia, tanto materna como de biberón. Por desgracia, la combinación del cansancio con la presión de dar de comer a un bebé hambriento puede desembocar rápidamente en una desatención a la higiene.

4. Insista con el destete. La reacción inicial de disgusto del bebé ante los alimentos sólidos provoca la tentación de retrasar el proceso. No se rinda tan fácilmente. En su lugar, adopte un planteamiento coherente y sistemático cuando introduzca alimentos sólidos en la dieta infantil.

5. Anime a su bebé. Cuando su bebé saboree por primera vez los alimentos sólidos, hágale saber que eso le hace muy feliz a usted. Sonríale, háblele y hágale muchos mimos. Así le dará seguridad y él estará de un humor más positivo.

Las pautas de sueño

Su bebé necesita dormir para mantenerse activo, pero enseguida se hace evidente que no siempre duerme precisamente cuando usted quiere. En las primeras semanas de vida, su ritmo de sueño es irregular, pero a partir de entre la sexta y octava semana sus siestas son más predecibles y empieza a dormir durante más tiempo seguido por las noches. Algunos bebés se resisten a toda costa a dormirse aunque estén cansados, mientras que otros se dejan acostar sin protestar en absoluto. Los resultados de los estudios psicológicos confirman que la mayoría de los padres están preocupados en algún momento porque a su bebé le guste permanecer despierto toda la noche.

Verdades sobre el sueño

He aquí algunas verdades sobre las pautas de sueño durante los primeros 15 meses de su bebé:

• El primogénito tiene más probabilidades que sus demás hijos de presentar problemas de sueño.

• Es probable que un bebé destetado más tarde de lo normal duerma mal (pero destetarlo antes de tiempo puede causarle problemas de salud).

• El sexo del bebé no tiene efecto sobre las pautas de sueño; los niños y las niñas desarrollan una rutina estable de sueño al mismo tiempo.

• Antes de los 3 o 4 meses de edad, un bebé no duerme más de noche que de día.

• Durante el sueño, las pupilas de los bebés se reducen, respiran menos aire, su ritmo cardíaco se hace más lento y producen orina a una velocidad menor.

• Su bebé necesita dormir; si no duerme bien, pronto estará irritable y caprichoso, y perderá interés por alimentarse y jugar.

Durante los primeros meses de vida, su bebé probablemente duerma un total de unas 19 horas diarias, aunque su

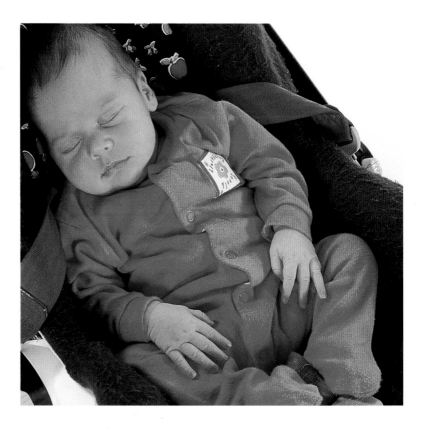

▲ *Las pautas de sueño de un recién nacido son impredecibles y a menudo siguen siéndolo durante los primeros 3 o 4 meses.*

sueño sea muy ligero y a veces ni siquiera se note que ya no está despierto. Como media, se dormirá hasta ocho veces al día. Cuando tenga 1 año, su bebé dormirá unas 13 horas diarias.

Las pautas de sueño de los adultos son muy distintas de las de los bebés, de modo que prepárese, pues la primera época suele ser agotadora para los padres. Pero no se preocupe: sus hábitos de sueño empezarán a corresponderse con los de los adultos después de cumplir el primer año.

Cuando no se duerme

Los hábitos de sueño de su bebé son extremadamente variables durante las primeras 4 o 5 semanas, y es posible que le vea dormir y despertarse siguiendo su propio horario, por mucho que intente influir en él. Si usted tiene la certeza de que está cómodo, bien alimentado y se siente muy querido, tiene que aceptar sus pautas de sueño tal y como son, porque no están relacionadas con el modo de tratarlo.

▶ *De noche, intente reacomodar a su bebé sin encender la luz o despertarlo. Procure que el entorno sea lo más tranquilo y poco estimulante posible, a fin de reforzar la idea de que la noche es para dormir.*

Aun así, existen muchas técnicas que se pueden aplicar para ayudar a dormir a un bebé. Cada uno es diferente y lo que funciona con los hijos de sus mejores amigos puede no funcionar con el suyo. Algunos bebés se quedan dormidos cuando los mecen suavemente o como reacción a un ruido de fondo suave, otros cuando los arropan con una manta o si los acarician con suavidad. No dude en utilizar distintas técnicas cuando intente calmar a su bebé para que se duerma. Con el tiempo, descubrirá un método que le vaya bien, aunque puede que no funcione igual la próxima semana.

Si su bebé de 3 meses o más se despierta durante la noche, compruebe que no le duele nada, ni necesita que le cambien los pañales, y luego intente animarle a que se vuelva a dormir. No caiga en la tentación de hacerle carantoñas, ya que sería como una eficaz recompensa por despertarse y probablemente ocurriría lo mismo la noche siguiente.

▼ *Aunque todo lo demás falle, la mayoría de los bebés se quedarán dormidos en el automóvil.*

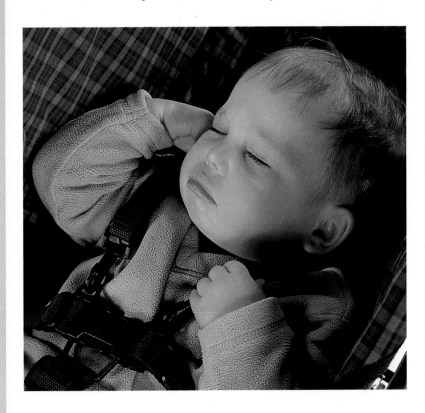

❖❖❖❖ Consejos ❖❖❖❖

1. Compruebe que el dormitorio es acogedor. Una habitación agradablemente caliente, no asfixiante, con luz amortiguada crea una atmósfera adecuada para el sueño. Reduzca los ruidos de fondo siempre que sea posible.

2. Siga una rutina. Su bebé reacciona mejor a la rutina. Ponerlo a dormir la siesta siempre a la misma hora y acostarlo también a la misma hora todos los días le ayudará a adquirir unas pautas de sueño estables.

3. Báñelo antes de acostarlo. El bebé se calmará y relajará con un baño templado, un pañal limpio y cambiándolo de ropa. Una vez completada esta rutina, déjelo en la cuna y léale un cuento, empleando un tono de voz suave y relajado.

4. Programe las siestas. No siempre es posible mantener despierto a un bebé cuando decide dormir un poco. Sin embargo, quizá quiera permanecer despierto a última hora de la tarde y por la noche si ha dormido mucho justo antes de la última comida del día.

5. No sucumba al pánico. Un bebé que permanezca despierto toda la noche buscando la atención de sus padres puede ser agotador y preocupante. Pero si ellos permiten que la ansiedad los domine, el efecto sobre el bebé será muy negativo, incluso hasta el punto de impedirle aún más dormirse.

La disciplina

Lo más probable es que su bebé sea fantástico, pero hay ocasiones en las que tendrá
que imponerle reglas: por ejemplo, cuando le arranque las gafas de la cara y las retuerza
entre sus manitas, o cuando grite de rabia porque usted no le da lo que quiere en
ese momento. La disciplina no tiene que ver simplemente con el castigo; al contrario,
si el castigo está incluido en su concepto de la disciplina, debería desempeñar
un papel menor. La mejor disciplina consiste en animar al bebé a asumir el control
de su propio comportamiento y a pensar en los demás. Desde esta perspectiva,
sólo puede hacerle bien.

▲ *A veces ayuda a calmar a un bebé enfadado
tomarlo en brazos y recalcarle con calma
y firmeza lo que se intenta que comprenda.*

Comprensión

La comprensión de la disciplina
por parte de su bebé se desarrolla
progresivamente durante los primeros
15 meses. Sin duda, no tiene el menor
sentido acusar a un recién nacido de ser
malo, porque hasta la edad de 6 meses
como mínimo es incapaz de entender
las reglas. Igualmente, es inútil advertir
a un bebé de 3 meses de que deje de
llorar o será castigado. Es verdad que
algunas personas afirman que, como hay
que imponer reglas tarde o temprano, es
mejor iniciar el proceso cuando los niños

son pequeños. Pero éste es un
planteamiento bastante severo.
En general, su bebé no puede empezar
a comprender el sentido de las reglas
hasta que entienda un poco mejor
el mundo que les rodea.

No obstante, la situación cambia
a mitad del primer año. Entre los
6 y los 12 meses de edad, empieza a
entender el significado de la palabra
«no»; se nota por su reacción
negativa. En cuanto mira furiosamente
al adulto y trata deliberadamente de
hacer algo que se le había prohibido,
es hora de tomarse en serio la disciplina.
A partir de ese momento se inicia el
proceso de imponerle reglas.

Recuerde, sin embargo, que imponer
disciplina a un bebé que ya no es un
recién nacido no es coaccionarlo.
De hecho, el origen de la palabra

«disciplina» es el término latino
que significa «aprendizaje»; en otras
palabras, su bebé debería aprender
a través de la disciplina. No debería
tenerle miedo. Intente crear un
ambiente afectuoso en casa

▶ *El comportamiento poco cooperativo suele
tener su origen en el cansancio o la
frustración, más que en la
desobediencia
deliberada.*

que le anime a aprenderse las reglas, en lugar de un sistema que intente obligarle a portarse bien.

Estilos de disciplina

Sólo usted tomará la decisión sobre el tipo de disciplina que quiere que siga su bebé.

Dependerá mucho de sus actitudes, de sus recuerdos de infancia sobre cómo sus propios padres le impusieron la disciplina y de la relación que ya han establecido usted y su bebé. Espere que su bebé se muestre desafiante de vez en cuando, a pesar de su encantadora personalidad. Es una parte normal del proceso de aprendizaje. Recuérdese, en caso necesario, que es igual a cualquier otro niño y que usted consigue los mismos resultados que los demás padres.

Los estilos de disciplina más comunes entre los padres son:

• **Autoritario.** Los padres de este tipo son extremadamente inflexibles: imponen reglas que hay que seguir a rajatabla, sin excepciones. Sus bebés deben cumplir las reglas en todo momento e infringirlas se castiga siempre.

• **Democrático.** Los padres de este tipo también tienen reglas, pero son justas, impuestas de acuerdo con los intereses legítimos del bebé y a menudo están relacionadas con la seguridad básica. Las infracciones suelen tratarse con firmeza, pero utilizando explicaciones en lugar de castigos.

• **Permisivo.** Los padres de este tipo enfocan la disciplina con criterios prácticos, basándose en la suposición de que su bebé aprenderá las reglas a través la experiencia a medida que crezca.

▲ *El éxito a largo plazo tiene más probabilidades de alcanzarse con un planteamiento democrático y coherente de la disciplina.*

En este caso, no hay castigo porque no hay reglas fijas.

La mayoría de los padres siguen una mezcla de estilos en la que predomina uno. Los estudios sugieren que los bebés y los niños pequeños no se crían mejor en los extremos, por lo que los estilos autoritario y permisivo raramente son los más eficaces. Al imponer disciplina a los niños, el objetivo debe ser que alcancen el estado de autodisciplina en el cual ya no necesiten que se les diga cómo tienen que portarse.

▼ *Hay momentos en los que es necesario ser muy firme para que el mensaje sea recibido con claridad.*

❖❖❖ Consejos ❖❖❖

1. Mantenga la calma. Intente mantener la calma cuando su bebé infrinja las reglas (y también con los mayorcitos). Si pierde los estribos con él, simplemente se enfadará también y en ese estado no aprenderá nada. Trátelo con firmeza pero sin enfadarse.

2. Explíquele las reglas. Usted sabe que, por ejemplo, su bebé de 9 meses no entiende bien una explicación sobre la importancia de una regla concreta, pero désela igualmente. En algún momento empezará a comprender su significado.

3. Evite el castigo corporal. Unos azotes no funcionan como disuasión y sólo tienen efecto a corto plazo. A la larga, el castigo físico hará que sus hijos le tengan miedo y de hecho pueden volverse más desafiantes y obstinados.

4. Utilice el refuerzo positivo. Una de las mejores maneras de animar a su bebé (y a los mayorcitos) a seguir las reglas es alabarle, hacerle mimos y en general demostrarle su aprobación cuando se porte bien. Eso es mejor que castigarlo.

5. Sea firme pero flexible. La excepción confirma la regla. Aunque normalmente conviene no ceder, en ocasiones puede dejar que un niño o una niña se porte mal sin reprimendas, quizá porque sólo esté demasiado excitado.

La confianza

Las bases de la confianza de los hijos en sí mismos se establecen durante el primer año. Quizá sólo sean bebés, pero ya tienen un sentido de identidad, una noción de lo que pueden o no hacer. Su confianza está influida por los logros que alcanzan: por ejemplo, cuando un bebé de 3 meses consigue alargar la mano y acercarse un juguete que le llama la atención, o cuando un niño de 1 año da su primer paso. Las reacciones de los demás hacia ellos también influyen en su confianza: el amor, los elogios y el interés de los padres estimulan la confianza de los bebés en sí mismos.

Componentes de la confianza

La confianza en sí mismo tiene una influencia significativa en el desarrollo del bebé porque afecta a su motivación, su deseo de hacerlo bien y sus relaciones con los demás. Hay que tener en cuenta tres aspectos de la confianza de un bebé:

• **Autoconvicción.** Es la medida en que el bebé cree que puede afrontar los retos a los que se enfrenta. Un bebé con poca autoconvicción ni siquiera intentará jugar con un juguete nuevo porque cree que le resultará demasiado difícil; en consecuencia, preferirá tumbarse pasivamente en su familiar cuna a correr el riesgo de fracasar.

• **Autoestima.** Es la medida en que el bebé se valora a sí mismo. Y esto se nota ya durante el primer año. Observe

◀ *El ánimo y el apoyo de los adultos ayudan a los niños a adquirir la confianza necesaria para dar los primeros pasos.*

▶ *Un abrazo de apoyo puede ser la solución perfecta cuando un niño esté enfadado.*

a su bebé intentando conseguir algo; cuando lo haga, probablemente se volverá hacia usted y le dedicará una enorme sonrisa. En contraste, un bebé con una autoestima baja no se impresionará con sus propios logros.

• **Autoimagen.** Es la medida en que el bebé recibe mensajes positivos de

las personas que le rodean. Cuando usted le dice a su bebé lo mucho que le quiere y le da un abrazo porque, digamos, ha conseguido ponerse de pie solo, le está ofreciendo una imagen de sí mismo positiva que le hace sentirse bien consigo mismo.

Un bebé con una baja confianza en sí mismo disfruta menos de la vida,

prefiere adoptar un papel más pasivo y puede tener dificultades en dar amor y recibirlo de otras personas. Los desafíos y la aventura le amenazan más que excitarle, volviéndole reticente a descubrir y aprender.

Empezar con ventaja

Los resultados de los estudios psicológicos sugieren que habitualmente un bebé de menos de 15 meses tiene una gran confianza en su propia capacidad. Por eso desea explorar y aventurarse por nuevos territorios; cree que no hay reto que no pueda superar. Es casi como si tuviera un sentido innato de la autoconvicción; ya está programado para los estímulos.

Y esta autoconvicción positiva se extiende a la mayor parte de las áreas de la vida. Por ejemplo, intentará apoderarse de un juguete nuevo que le llame la atención, tratará de desplazar su cuerpo por el suelo cuando quiera llegar a la otra punta de la habitación y procurará comunicarse con usted aunque apenas haya empezado a balbucear. En otras palabras, nació preparado y listo para arrancar.

Aun así, su confianza en sí mismo se merma fácilmente con la experiencia. Descubrir de pronto que, por ejemplo, no puede mover el sonajero de modo que haga ruido puede hacer disminuir su interés por el juguete. Lo mismo puede ocurrir cuando intente gatear por el suelo, descubra que no ha avanzado mucho y se sienta de frustrado. Si este tipo de fracaso es muy frecuente, su bebé se hundirá por la desconfianza en sí mismo y dejará de intentarlo.

Por eso conviene observarle atentamente cuando juega. Concédale la libertad de jugar solo para que experimente el sabor del éxito, pero al mismo tiempo prepárese para intervenir si ve que la frustración y la decepción se van acumulando. Si su bebé pierde los estribos o deja que la frustración se apodere de él, hágale mimos, anímele y oriéntele hacia otro juguete o actividad que usted sepa que ya domina. Siempre podrá volver a la actividad anterior más tarde, cuando su actitud sea más positiva.

▶ *A los 15 meses, la actitud global de este niño irradia confianza en sí mismo e independencia.*

Necesidades especiales

Las estimaciones estadísticas indican que hasta uno de cada cinco bebés tiene necesidades especiales; en otras palabras, quizá no aprenda a hablar a la misma velocidad que otros niños de su edad, quizá no haya dado aún el primer paso mucho después de que sus iguales ya se sostengan en pie, o quizá no comprenda cómo funciona un juguete concreto aunque haya sido diseñado para su grupo de edades. Un bebé con necesidades especiales tiene exactamente las mismas necesidades psicológicas que cualquier otro bebé, pero necesita otros tipos de estimulación adicionales.

Identificación

Algunas dificultades del desarrollo, como el síndrome de Down o la espina bífida, suelen detectarse incluso antes del nacimiento, mientras que otras no se identifican hasta más tarde, quizá porque el bebé no empieza a hablar cuando era de esperar o porque su comprensión parece menos avanzada de lo que se esperaría habitualmente de un niño de su edad. Si usted tiene alguna duda acerca del desarrollo de su bebé, hable con su pediatra o con su médico de cabecera. Lo más probable es que no tenga motivos de preocupación, pero se sentirá mejor pidiendo una segunda opinión.

Los cuadros sinópticos del desarrollo que se ofrecen más adelante en este capítulo (véanse págs. 38-47) constituyen una guía de los progresos habituales realizados por un bebé durante los primeros 15 meses. Sin embargo, recuerde que

si el suyo no supera las distintas etapas a las edades sugeridas aquí, eso no significa que tenga necesidades especiales. Lo más probable es que esté a punto de pasar a la siguiente etapa muy pronto. Déle tiempo para que desarrolle su potencial.

Cada padre y madre reacciona a su modo cuando se da cuenta de que su bebé tiene necesidades especiales. Los estudios demuestran que, en cuanto pasa la conmoción inicial al recibir la noticia, la mayoría de los padres lo llevan bien. Algunos se culpan a sí mismos aunque esté claro que no es culpa suya. Resulta útil compartir los sentimientos que experimentan

con amigos o compañeros capaces de escuchar con sensibilidad y comprensión.

La importancia del juego

Un bebé con necesidades especiales también aprende a través del juego; es tan importante para él como para cualquier otro niño. Aun así, quizá necesite ayuda adicional para sacar el máximo partido

▶ *Tanto si su bebé tiene necesidades especiales como si no, los estímulos que usted le proporciona desempeñan un papel crucial para ayudarle a desarrollar todo su potencial.*

◄ Los juguetes como anillas apilables pueden ser complicados para su bebé, pero con ánimos y colaboración por su parte, progresará.

1. Recalque las similitudes, no las diferencias. No deje de pensar en todas las similitudes entre su bebé y los otros, en lugar de concentrarse en las diferencias. Su bebé es muy especial y se desarrolla mejor cuando usted adopta una actitud optimista.

2. Imponga una disciplina sensata. Los padres de niños con necesidades especiales tienden a relajar la disciplina con éstos más que con sus demás hijos. Pero estos bebés también necesitan que se establezcan reglas y límites a su conducta, exactamente igual que los otros.

3. Recopile información. Cuanto más sepa usted sobre las dificultades del desarrollo de su bebé, mejor. Lea, hable con los profesionales relacionados con su bebé y escuche también las experiencias de otros padres.

4. Valore sus logros. Comparado con otros bebés que parecen avanzar a buen ritmo, los logros del suyo pueden parecer menores. Pero para él son enormes, y saldrá muy beneficiado si usted muestra entusiasmo con cada pequeño progreso que él realice.

5. Tenga paciencia e insista. Quizá sienta frustración y decepción por la lentitud de los progresos de su bebé, pero insista en los ejercicios y actividades de estimulación, a pesar de no obtener la respuesta que le gustaría ver. Su paciencia se verá recompensada.

de la estimulación que usted le proporcione. Supervise sus pautas de juego y sus reacciones ante los juguetes y otras actividades.

Adopte una perspectiva positiva. Para cada dificultad y obstáculo con que se tropiece su bebé cuando juegue, existe una solución práctica. Por ejemplo:

• **Si no tiene el grado de curiosidad normal que cabría esperar de un bebé,** esfuércese más por estimular su interés presentándole una amplia gama de juguetes y jugando más rato con él.

• **Si tiene una concentración limitada y pierde el interés rápidamente,** juegue con él menos rato pero hágalo más veces a lo largo del día. Su concentración será más aguda cuando la aplique en períodos cortos.

• **Si tiene poco control manual y no puede sujetar los juguetes adecuadamente, ábrale los dedos con delicadeza,** coloque el juguete en la palma de su mano y hágale cerrar los dedos a su alrededor.

Este procedimiento le enseñará al bebé la sensación de abrir y cerrar las manos.

• **Si no es capaz de mantenerse erguido al sentarlo porque no ha adquirido todavía la fuerza necesaria en la espalda,** siéntele en el suelo rodeado de cojines o colóquelo en una silla con respaldo para que pueda sentarse erguido.

• **Si tiene un desarrollo físico más lento que restringe su capacidad de desplazarse hasta la otra punta de la habitación,** identifique los objetos que le llaman la atención y acérqueselos. Así superará la limitación al aprendizaje que le impone su mermada capacidad física.

Es cuestión de conocer los puntos fuertes y débiles concretos de su bebé y desarrollar los juegos y las estrategias adecuados para que él realice sus propios descubrimientos. Aunque su desarrollo sea más lento de lo esperado, progresará igualmente y sus aptitudes mejorarán durante estos primeros 15 meses. Necesita mucha estimulación.

▼ Los intereses de su bebé se estimularán más fácilmente empleando una amplia variedad de juguetes en los juegos que usted realice con él.

Desarrollo

Capacidades a la primera semana

Desarrollo psicomotor

• Succiona por reflejo cuando se le mete en la boca un objeto blando.

• Traga automáticamente la leche que se introduce en su boca.

• Si se sobresalta, arquea la espalda y mueve los brazos y las piernas en un movimiento de abrazo (reflejo de Moro).

• Mueve las piernas en una acción refleja de pisar si le apoyan los pies en una superficie lisa (reflejo plantar).

• Cuando le acarician la mejilla, vuelve la cabeza para encontrar el pezón (reflejo de «hozamiento»).

• No puede mantener la cabeza erguida sin apoyo ni levantarla del colchón.

• Cuando duerme, a menudo yace con los brazos y las piernas flexionados en posición fetal.

Coordinación oculomanual

• Agarra los objetos que se le ponen en la mano en una reacción refleja pero es incapaz de sujetarlos.

• Se concentra en un objeto situado a aproximadamente 20-25 centímetros de su rostro.

• A menudo cierra la mano formando un puño.

• Parpadea por reflejo cuando un objeto se acerca rápidamente a su cara.

Capacidades al primer mes

Desarrollo psicomotor

• Puede levantar la cabeza un par de centímetros cuando está tumbado boca abajo.

• Mueve la cabeza de lado a lado pero casi siempre permanece tumbado con la mejilla derecha sobre el colchón.

• Patalea y bracea enérgicamente.

• Hace muecas cuando prueba algo de sabor amargo.

• Intenta volverse de lado cuando está tumbado de espaldas.

• Si se sobresalta, arquea la espalda y agita los brazos y piernas en la acción refleja de Moro.

Coordinación oculomanual

• Mira fijamente los objetos situados a unos 20-25 centímetros de su rostro.

• Sigue con la vista los objetos que se mueven unos centímetros de lado a lado.

• Mueve las manos sin mucho control pero es capaz de llevarse el puño a la boca.

• Puede tirar de la manta hacia su cara.

• El reflejo de prensión sigue siendo fuerte cuando se coloca algo en la palma su mano.

Aptitudes lingüísticas

• Utiliza una amplia gama de llantos y los padres pueden empezar a distinguir la diferencia entre el llanto de hambre, el de aburrimiento, el de cansancio y el de incomodidad.

Capacidades al segundo mes

Desarrollo psicomotor

• Tiene un control limitado de los brazos y piernas.

• Sostiene un objeto pequeño unos momentos.

• Mantiene la cabeza levantada del colchón durante un par de segundos.

• Su control del cuello aumenta y empieza a sostener el peso de su cabeza cuando le llevan en brazos.

• Los reflejos iniciales (de Moro, de prensión) se van desvaneciendo.

Coordinación oculomanual

• Empieza a tener control sobre sus manos; las mantiene casi siempre abiertas y los dedos van siendo más flexibles.

• Estudia sus dedos con interés.

• Cierra los dedos alrededor de un objeto pequeño colocado en su mano y lo acerca a su rostro.

• Lo intenta, pero no puede agarrar un juguete pequeño.

Aptitudes lingüísticas

• Emite un sonido vocálico repetitivo de arrullo cuando está relajado.

• Utiliza un par de sonidos identificables pero sin sentido.

• Se calma cuando le toman en brazos.

• Mueve los ojos buscando el origen de un sonido.

• Observa los gestos y el lenguaje corporal de quienes le hablan.

• Se anima a repetir sonidos cuando le sonríen y le contestan.

Capacidades al tercer mes

Desarrollo psicomotor

• Al aumentar su control de la cabeza puede levantarla del colchón más rato estando tumbado de bruces o de espaldas.

• Disfruta cuando le sostienen erguido y los movimientos de la cabeza y el cuello son ya más variados.

• Los movimientos de las piernas son más vigorosos al patalear.

• Mueve mejor todo el cuerpo en la cuna.

Coordinación oculomanual

• Observa un objeto que se mueve por la habitación.

• Extiende las manos hacia un objeto próximo.

• Agarra un juguete con fuerza cuando se lo ponen en la mano.

• Extiende las manos hacia la comida.

• Mira con atención las fotografías de los libros e intenta tocarlas.

• Mira los objetos e intenta metérselos en la boca para explorar sus propiedades.

Aptitudes lingüísticas

• Presta más atención a los sonidos diferenciados que oye.

• Su oído ha mejorado y se queda quieto cuando oye un ruidito.

• Disfruta escuchando cuando le cantan.

• Emite gorjeos y arrullos en respuesta a sonidos, canturrea para sí mismo varios minutos seguidos.

• Emite al menos dos sonidos diferenciados como «oooh» y «aaah».

Del nacimiento a los 3 meses

Aptitudes lingüísticas

• Intenta mirar a quien le habla.

• Reacciona a sonidos como un ruido inesperado.

• Reconoce la voz de sus padres y es capaz de distinguir los tonos agudos y graves.

• Establece contacto visual cuando un adulto le sostiene ante su rostro.

Aprendizaje

• Concentra su atención en quien le habla.

• Distingue el rostro de sus padres del de los extraños.

• Reconoce el olor de sus padres a los pocos días de vida.

• Es sensible al tacto y se calma cuando le toman en brazos.

• Tiene períodos variables de vigilia pero duerme el 80 por ciento del día, en unas 8 veces.

Desarrollo socioemocional

• Disfruta de la compañía de sus padres y reacciona positivamente a su voz.

• Mira fíjamente a los adultos cuando su cara está a 20-25 centímetros de la de ellos.

• Llora cuando está descontento o incómodo.

• Mueve los brazos y las piernas frenéticamente cuando está excitado.

• Comunica su estado de ánimo con movimientos nerviosos de brazos y piernas, y con expresiones faciales como hacer muecas o fijar la mirada.

• Hace ruiditos cuando está contento.

• Reacciona positivamente a las palabras tranquilizadoras.

Aprendizaje

• Le encanta mirar todo lo que le rodea.

• Mira más rato los objetos azules y verdes que los rojos.

• Se queda fascinado con los objetos que le dejan cerca.

• Recuerda un objeto que reaparece al cabo de unos segundos si antes se movía.

• Empieza a reconocer que la voz de sus padres es distinta a la de otras personas.

• Está atento una hora de cada diez.

Desarrollo socioemocional

• Disfruta cuando le hacen mimos y le sonríen.

• Reacciona positivamente cuando le hablan y le cantan.

• Establece contacto visual.

• Es capaz de relajarse en la bañera, pataleando y chapoteando en el agua.

• Llora de hambre, sed e incomodidad.

• Puede imitar al adulto que le saca la lengua.

Aprendizaje

• Puede controlar la vista con más precisión y mira un objeto que se mueve siguiendo una trayectoria compleja ante él.

• Le gusta oír música y se calma con sonidos de fondo como la lavadora o el motor del automóvil.

• Se excita con antelación, por ejemplo cuando ve la bañera.

• Empieza a coordinar los sentidos volviéndose hacia los ruidos.

• Distingue claramente a personas, voces y sabores.

Desarrollo socioemocional

• Ya ha exhibido su primera sonrisa y es probable que sonría a su vez a quien le sonría.

• Goza con la atención de los padres y otros adultos.

• Permanece despierto más tiempo si se interactúa con él.

• Quizá empiece a dormir por la noche.

• Empieza a entretenerse solo mirando a su alrededor, buscando y golpeando objetos.

• La comida se convierte en una experiencia social: mira a los adultos mientras le dan de comer y le hablan.

Aprendizaje

• Ve la relación entre el movimiento de su mano y la reacción del juguete, por ejemplo que el sonajero hace ruido cuando lo agita.

• Su mayor memoria le permite anticipar sucesos como la hora de comer y la reaparición de una persona que juega al «cu-cú».

• Reconoce una música familiar.

• Imita acciones como abrir y cerrar la boca o sacar la lengua.

• Se queda fascinado con sus propias manos, que abre en abanico ante sus ojos.

• Empieza a diferenciar a los miembros de la familia por su aspecto y el sonido de su voz.

• Distingue entre el rostro de una mujer y el de un hombre.

Desarrollo socioemocional

• Reacciona más a cualquier adulto que muestre interés por él.

• Su atención aumenta, incluso intenta llamar la atención cuando la madre o el padre están cerca.

• Dispone de una amplia gama de expresiones faciales para expresar su estado de ánimo.

• Sonríe con mayor presteza y su llanto disminuye.

Desarrollo

Capacidades al cuarto mes

Desarrollo psicomotor
• Se sienta erguido con apoyo.
• Se vuelve de izquierda a derecha y viceversa sin ayuda.
• Puede empezar a rodar sobre sí mismo para ponerse de bruces o de espaldas.
• Se arrastra por toda la cuna.
• Su cabeza no se bambolea tanto cuando le sostienen en brazos.
• Puede volverse y mover la cabeza en todas direcciones.
• Agarra objetos deliberadamente y no por reflejo.

Capacidades al quinto mes

Desarrollo psicomotor
• Apoya firmemente los pies en superficies como el fondo de la cuna.
• Se desplaza por el suelo rodando y girando sobre sí mismo.
• Puede mantener las piernas alzadas y patalear libremente.
• Aguanta la cabeza confiadamente cuando se recuesta con la espalda apoyada en algo.

Coordinación oculomanual
• Observa a los adultos cuando recorren la habitación.
• Empieza a buscar un objeto que se le ha caído de las manos.
• Levanta la mano hacia un objeto próximo y trata de agarrarlo con más precisión que antes.
• Pude sostener un juguete pequeño con la mano.
• Agarra las cosas con fuerza y no las suelta.

Capacidades al sexto mes

Desarrollo psicomotor
• Se sienta erguido solo, sin necesidad de apoyo.
• Levanta del suelo la cabeza, el pecho y los hombros cuando está tumbado de bruces.
• Muestra los primeros signos de gatear encogiendo una rodilla bajo la barriga.
• Realiza movimientos corporales enérgicos para impulsarse por el suelo.
• Se aficiona a rodar de espaldas para ponerse de bruces y viceversa.
• Se retuerce y gira en todas direcciones.

Coordinación oculomanual
• Utiliza ambas manos sincrónicamente y puede pasarse un objeto de una mano a la otra.
• Sigue observando un juguete que se le ha caído de las manos.
• Juega con juguetes más intencionadamente, en lugar de limitarse a metérselos en la boca.
• Disfruta dejando caer un juguete y recogiéndolo una y otra vez.
• Intenta comer solo, llevándose la comida a la boca con los dedos.
• Agarra el biberón o la cuchara mientras come.

Aptitudes lingüísticas
• Sincroniza sus sonidos con los de los padres como si mantuviera una conversación.
• Produce sonidos vocálicos y consonánticos más diferenciados como «f», «v», «ca», «da» y «ma».
• Se ríe cuando está contento y grita cuando está enfadado.
• Emite gorjeos cuando juega a gusto.
• Empieza a reaccionar al tipo de música que oye (animada, triste, etc.).

De los 4 a los 6 meses

Coordinación oculomanual
- Extiende los brazos cuando le meten en la bañera y chapotea en el agua.
- Intenta agarrar los objetos próximos.
- Mira fijamente el lugar desde el cual ha caído un objeto.
- Agita los juguetes pequeños que tiene en las manos.
- Su vista ha mejorado y puede enfocar los objetos cercanos o lejanos tan bien como un adulto.

Aptitudes lingüísticas
- Se ríe claramente cuando algo le divierte o entretiene.

- Emite sonidos articulados para llamar la atención de los padres.
- Escucha con interés los sonidos diferenciados.
- Muestra placer con movimientos de entusiasmo y expresiones faciales de satisfacción.

Aprendizaje
- Recuerda cómo jugar con un juguete familiar de un modo concreto.
- Estudia su propio reflejo en el espejo.
- Mira los objetos con curiosidad.
- Puede dormir dos o tres veces al día y mantenerse atento hasta una hora seguida.

Desarrollo socioemocional
- Emplea expresiones faciales para retener la atención del adulto.
- Profiere risitas espontáneas cuando está contento.
- Disfruta con situaciones familiares como comer, bañarse o vestirse.
- Se ríe en voz alta cuando le hacen cosquillas.
- Se relaja cuando le cantan suavemente.

Aptitudes lingüísticas
- Emite una gama más amplia de sonidos con consonantes como «d», «m» y «b».
- Utiliza tres o cuatro balbuceos distintos al azar, combinando vocales y consonantes, por ejemplo «nanana».
- Vocaliza cuando le hablan y quizá balbucee para los padres cuando dejan de hablar.
- Puede imitar las expresiones faciales de los adultos y observa sus reacciones.
- Intenta imitar los sonidos que oye.
- Escucha atentamente y puede oír casi tan bien como un adulto.

Aprendizaje
- Le gusta explorar siempre que tiene ocasión.
- Enfoca bien la vista pero prefiere mirar los objetos situados a 1 metro.
- Tiene la curiosidad suficiente para agarrar un objeto cercano.
- Detecta el origen de un sonido con precisión volviéndose hacia él.
- Deja caer un objeto cuando otro despierta su interés.
- Empieza el destete con la introducción de alimentos sólidos.

Desarrollo socioemocional
- Quizá tenga mucho apego a un muñeco de trapo o algo igualmente reconfortante y le guste tenerlo cerca cuando se acueste.
- Puede jugar solo durante breves períodos.
- Muestra interés por los entornos nuevos.
- Protesta cuando le quitan un juguete de las manos.
- Puede mostrarse tímido en compañía de extraños.
- Sonríe y vocaliza para llamar la atención.

Aprendizaje
- Se reconoce en una fotografía o en el espejo.
- Su vista pasa de un objeto a otro como si los comparase.
- Sostiene un juguete con cada mano sin dejarlos caer.
- Extiende los brazos activamente hacia los juguetes que le llaman la atención.
- Quizá empiece a comprender el significado de la palabra «no».
- Puede diferenciar entre hombres y mujeres por el tono de voz.

Desarrollo socioemocional
- Quizá sienta ansiedad en compañía de extraños y se ponga a llorar.
- Emite risitas con anticipación cuando los padres se acercan.
- Se aferra a un juguete cuando intentan quitárselo.
- Emite arrullos o deja de llorar en respuesta a una música familiar.
- Se vuelve cuando pronuncian su nombre.
- Algunas situaciones le producen ansiedad, por ejemplo cuando se las ha apañado para colocarse en una posición incómoda.

Desarrollo

Capacidades al séptimo mes

Desarrollo psicomotor
• Rueda sobre sí mismo competentemente.
• Encoge una rodilla bajo la barriga
en un movimiento de gateo más coherente.
• Quizá sea capaz de desplazarse por el suelo
con la barriga levantada.
• Soporta su propio peso cuando se apoya
en los brazos.
• A menudo se lleva los pies a la boca
para chuparse los dedos.

Coordinación oculomanual
• Explora los juguetes de maneras nuevas
e interesantes agitándolos, golpeándolos
o haciéndolos sonar.
• Tira de distintas partes de un juguete.
• Agarra con firmeza y es menos probable
que se le caiga el objeto que sujeta.
• Es más preciso en el uso de los dedos
para comer.
• Empieza a utilizar el índice y el pulgar
en un movimiento de pinza.
• Utiliza las manos para explorar su rostro
y el de otras personas.

Capacidades al octavo mes

Desarrollo psicomotor
• Tiene más fuerza en las piernas y los pies, por
lo que intenta mantenerse en equilibrio de una
manera más atrevida.
• Soporta su propio peso en pie agarrándose
a una silla.
• Es capaz de gatear hacia delante y hacia atrás.
• Se pone en pie a pulso, aunque le resulta muy
trabajoso.

Coordinación oculomanual
• Utiliza el índice y el pulgar para formar
una pinza.
• Abre y cierra las manos a voluntad.

Capacidades al noveno mes

Desarrollo psicomotor
• Puede dar media vuelta mientras gatea.
• Desplaza todo el cuerpo cómodamente
por la habitación.
• Reacciona moviéndose como si caminara
cuando le sujetan por las axilas.
• Muestra interés por subir escaleras.

Coordinación oculomanual
• Utiliza un firme movimiento de pinza para comer
productos pequeños, como guisantes y pasas.
• Coordina mejor los movimientos de las manos:
quizá sea capaz de construir una torre de dos pisos.
• Junta las manos deliberadamente.

De los 7 a los 9 meses

Aptitudes lingüísticas
- Reacciona más cuando le hablan los padres y responde a comentarios como «Mira eso».
- Le gusta oír canciones y balbucea al compás.
- Parece comprender los distintos tonos de voz de los padres (alegre, serio, sorprendido).
- Comprende claramente un «no» firme.
- Disfruta tocando la trompeta.

Aprendizaje
- Recuerda los rostros de los adultos conocidos que no ve muy a menudo, como el de la canguro.
- Sigue buscando un objeto que se oculta de su vista.
- Sabe cómo mover los juguetes para que hagan ruido.
- Comprende que puede conseguir que los objetos se muevan.

Desarrollo socioemocional
- Hace saber a sus padres si es feliz o infeliz.
- Se enfada si le impiden hacer algo.
- Es muy consciente de los elogios verbales y el entusiasmo que despierta en los adultos.
- Es hábil llamando la atención cuando se aburre.
- Disfruta con la familiaridad de rutinas como la hora del baño o de acostarse.

- Le gusta dejar caer los objetos cuando está sentado en su trona.
- Intenta tirar de una cuerda atada a un juguete.

Aptitudes lingüísticas
- Intenta imitar los sonidos que hacen sus padres.
- Repite el mismo sonido una y otra vez, como las sílabas de las palabras que usan sus padres.
- Abre y cierra la boca cuando observa comer a un adulto, imitando el movimiento de las mandíbulas.
- Grita para llamar la atención de sus padres.

Aprendizaje
- Busca un objeto escondido.
- Su expresión facial demuestra que reconoce un juguete que no había visto desde hacía 2 semanas.
- Juega con dos o más juguetes a la vez.
- Siente curiosidad por cosas nuevas.
- Descubre propiedades nuevas en los juguetes familiares: la pelota que suele mordisquear se alejará rodando si la empuja.
- Se esfuerza en alcanzar objetos que están cerca.
- Empieza a imitar acciones como decir adiós con la mano.
- Está despierto más tiempo y quizá le baste con sólo una siesta durante el día.

Desarrollo socioemocional
- Inicia el contacto social con otros adultos.
- Se aferra a sus padres en los lugares concurridos.
- Quizá sea tímido y reacio a que los extraños le tomen en brazos.
- Se queda fascinado con las imágenes del espejo y las fotografías de familia.
- Disfruta en presencia de otros bebés, pero no juega con ellos de un modo cooperativo.
- Quizá responda a preguntas sencillas con expresiones faciales, movimientos corporales y sonidos.

- Inspecciona su entorno y presta atención a los detalles.
- Quizá pueda señalar un objeto que desee.

Aptitudes lingüísticas
- Utiliza coherentemente balbuceos de dos sílabas, como «papá» o «mamá».
- Dice su primera palabra, aunque quizá no claramente.
- Escucha cuando le hablan sus padres y comprende instrucciones simples como «Ven aquí».
- Deja de jugar para localizar el origen de un sonido concreto, como un timbre.
- Quizá sea capaz de imitar las voces de animales que le propone un adulto.

Aprendizaje
- Le encanta palpar la textura de los objetos.
- Distribuye juguetes pequeños en distintos órdenes y formas.
- Golpea dos juguetes pequeños uno contra el otro para hacer ruido.
- Saluda con la mano en respuesta al saludo de otra persona.
- Disfruta con los juegos y rimas familiares, y se ríe cuando corresponde.
- Establece conexiones entre acciones; por ejemplo, cuando tira de la estera, el juguete que hay encima se acerca.

Desarrollo socioemocional
- Siente curiosidad por otros bebés de su edad y quizá mire o toque a otro niño.
- Protege sus juguetes si se acerca otro niño.
- Se enfada cuando ve que sus padres u otros niños están enfadados.
- Levanta la vista hacia los adultos cuando juega en el suelo.
- Reacciona ante un público y repite una acción cuando le aplauden.

Desarrollo

Capacidades al décimo mes

Desarrollo psicomotor
• Le gusta contemplar el mundo desde una posición erguida.
• Gatea con destreza y es capaz de desplazarse hábilmente por el suelo.
• Sube un escalón gateando y lo baja resbalando.
• Se sostiene en pie sujetándose a algo.

Coordinación oculomanual
• Le gusta jugar con juguetes que se mueven por el suelo.
• Le gusta explorar cajas, alacenas y cajones.
• Agarra dos cubos pequeños con una sola mano.
• Empieza a mostrar preferencia por una mano (izquierda o derecha).
• Disfruta con los ritmos que exigen cierta coordinación manual, como el juego de «palmas palmitas».

Aptitudes lingüísticas
• Combina distintas sílabas en la misma emisión, por ejemplo «ha-he» o «mu-ga».
• Deja lo que está haciendo y escucha cuando pronuncian su nombre.
• Dice una o dos palabras coherentemente, no siempre con claridad.
• Parlotea con la cadencia del habla pero sin significado.
• Mueve todo el cuerpo al ritmo de la música.

Capacidades al undécimo mes

Desarrollo psicomotor
• Recorre rápidamente la habitación apoyándose en los muebles.
• Se deja caer al suelo lenta y suavemente para aterrizar con sólo un golpe suave.
• Quizá se desplace arrastrándose sentado.
• Puede que se incline hacia un objeto del suelo mientras esté en pie sujetándose a algo.

Coordinación oculomanual
• Se queda fascinado por los envases y los agita en el aire.
• Intenta abrir las tapas de las cajas para ver qué hay dentro.
• Muestra una buena coordinación del índice y el pulgar.
• Vuelve las páginas de un libro cuando se sienta junto a un adulto.
• Disfruta introduciendo una cosa dentro de otra.
• Quizá sea capaz de construir una torre pequeña de cubos o vasos apilables.

Aptitudes lingüísticas
• Escucha a sus padres con mucha atención cuando le hablan.
• Sigue instrucciones simples, por ejemplo entregar cosas y recibirlas.
• En ocasiones articula palabras sencillas, pero gran parte de su lenguaje parece incoherente.
• Disfruta tocando juguetes musicales y experimentando con sus propios sonidos para acompañar la música.
• Señala un objeto en un libro de ilustraciones cuando los padres dicen el nombre.

Capacidades al duodécimo mes

Desarrollo psicomotor
• Muestra los primeros signos de caminar solo.
• Es más confiado al subir escaleras.
• Controla mejor su cuerpo cuando se deja caer desde la posición erguida.
• Gatea con eficacia sobre las manos y las rodillas.
• Quizá camine cuando lo sujeten de la mano o cuando empuje un juguete con ruedas.

Coordinación oculomanual
• Quizá use una cuchara para remover en lugar de para golpear.
• Pasa más rato con los juegos de construcciones de cubos pequeños.
• Disfruta con los juegos acuáticos y puede vaciar recipientes tanto con la mano izquierda como con la derecha.
• Puede introducir correctamente las piezas más simples en un clasificador de formas.
• Quizá sea capaz de hacer garabatos en el papel con un lápiz.
• La preferencia de mano es más evidente.

De los 10 a los 12 meses

Aprendizaje

• Intenta imitar las acciones de sus padres.

• Le interesan las cosas que van juntas, como una taza y un platito o las piezas de los puzzles.

• Escucha y sigue instrucciones básicas como «Dame la taza».

• Le gusta intentar encajar las piezas en un clasificador de formas.

• Pasa hasta una quinta parte del tiempo de vigilia mirando y observando.

Desarrollo socioemocional

• Hace mimos además de recibirlos.

• Le encantan los juegos interactivos, como el «cu-cú».

• Es feliz entreteniéndose solo durante mucho rato.

• Quizá sienta ansiedad cuando visite lugares desconocidos.

• Se acurruca junto a sus padres cuando le leen un cuento.

• No comprende el efecto de sus actos en otros niños.

Aprendizaje

• Su mayor concentración le permite dedicarse a una actividad durante al menos un minuto.

• Puede introducir un bloque pequeño en un vaso de plástico.

• Imita más acciones de sus padres mientras circulan por la casa.

• Intenta algo y luego reflexiona sobre sus actos durante unos momentos.

• Quizá intente la siguiente acción de una rutina familiar que han iniciado sus padres.

Desarrollo socioemocional

• Se frustra cuando no puede cumplir sus deseos y pierde los estribos con facilidad.

• Cambia de humor, de positivo a negativo, con gran rapidez.

• Contempla a otros niños pero no interactúa con ellos.

• Le gusta hacer cosas que le reporten la aprobación de sus padres.

• Se siente muy seguro con sus padres pero ansioso con desconocidos.

Aptitudes lingüísticas

• Ha dicho su primera palabra: la más habitual es «papá» o «mamá».

• Quizá consiga emplear tres o cuatro palabras para nombrar algo que le sea familiar, por ejemplo el nombre del perro de la familia.

• Sigue instrucciones básicas coherentemente.

• Tiene buen oído pero pierde el interés por los sonidos repetitivos.

• Conoce los nombres de los demás miembros de la familia.

Aprendizaje

• Comprende instrucciones básicas relacionadas con una acción familiar, por ejemplo «Di adiós».

• Imita a sus padres cuando hacen entrechocar dos cubos de madera.

• Siente curiosidad por los objetos que hacen ruido al agitarse.

• Hace un gran esfuerzo por colocar en su lugar las piezas de un puzzle de tablero.

• Quizá titubee cuando le den un puzzle nuevo, pero aplicará los conocimientos que ya posee.

• Necesita dormir menos y puede estar despierto alrededor de unas 11 horas al día.

Desarrollo socioemocional

• Juega a juegos que implican interacción social con los padres.

• Es muy cariñoso con ellos y con otros miembros de la familia.

• Quizá saque el genio cuando no quiera cooperar.

• Muestra preferencia por jugar con los niños de su mismo sexo cuando esté en un grupo mixto.

• Juega cerca de otros niños de su edad, pero jugará activamente con uno mayor que él.

• Tiene una confianza enorme en sus propias habilidades y se siente cada vez más frustrado cuando descubre que no puede conseguir lo que se había propuesto.

Desarrollo

Capacidades al decimotercer mes

Desarrollo psicomotor
• Pasa mucho tiempo intentando subir escaleras, pero descubre que bajarlas es más difícil.
• Se mantiene más firme en pie, aunque todavía se caiga con facilidad.
• Podría buscar una silla o un juguete con ruedas para apoyarse al caminar.
• Está decidido a caminar solo, a pesar de las frecuentes caídas.

Coordinación oculomanual
• Utiliza la mano para señalar un objeto concreto que quiere.

Capacidades al decimocuarto mes

Desarrollo psicomotor
• Corretea por la casa, tropezando con los objetos que hay en el suelo.
• Es capaz de detenerse y cambiar de dirección cuando camina.
• Insiste en caminar sin ayuda cuando sale con sus padres.
• Sube escaleras a gatas o sentado, escalón por escalón.
• Quizás siga gateando de vez en cuando, aunque sepa caminar.

Coordinación oculomanual
• Sabe cómo usar los lápices de colores adecuadamente, en lugar de chuparlos.
• Puede construir una torre de dos o tres pisos con cubos.
• Es más hábil insertando las piezas difíciles en un clasificador de formas.
• Levanta las manos y los brazos cuando van a ponerle la ropa.
• Puede lanzar una pelota ligera que no sea demasiado grande.

Capacidades al decimoquinto mes

Desarrollo psicomotor
• Recorre toda la casa confiadamente.
• Mantiene mejor el equilibrio cuando camina, con los brazos más cerca del cuerpo.
• Puede detenerse cuando camina e inclinarse para recoger un objeto del suelo.
• Intenta mantenerse erguido y dar una patada a una pelota si le animan a hacerlo, pero probablemente fallará o se caerá de espaldas, aunque disfruta intentándolo de nuevo.
• Supera la dificultad de subirse a su trona y bajarse de ella.
• Quizá pueda arrodillarse sobre una silla cuando se siente a la mesa.

De los 13 a los 15 meses

• Disfruta haciendo garabatos en un papel con lápices de colores.

• Inserta clavijas con un martillo en un tablero al uso.

• Juega con un teléfono de juguete, colgando y descolgando el auricular.

Aptitudes lingüísticas

• Reconoce su propio nombre pero probablemente no sepa pronunciarlo.

• Dice cinco o seis palabras en el contexto apropiado.

• Grita a sus padres cuando no le gusta lo que hacen.

• Emite sonidos melodiosos cuando oye una música familiar.

Aprendizaje

• Utiliza una cuchara para comer.

• Se divierte señalando imágenes de objetos familiares en los libros.

• Se concentra durante más rato en los puzzles.

• Le interesan las películas de vídeo y los programas de televisión.

• Empieza a demostrar imaginación en sus juegos.

Desarrollo socioemocional

• Empieza a exhibir el deseo innato de ser independiente, por ejemplo intenta ayudar cuando le visten.

• Tiene menos ganas de acostarse para dormir la siesta.

• Hace mimos a sus padres cuando está contento.

• Sostiene una taza y bebe de ella con ayuda.

• Quizás ofrezca sus juguetes a otros niños.

• Juega al lado de otros niños de su edad, pero no con ellos.

Aptitudes lingüísticas

• Intenta cantar cuando lo hacen sus padres.

• Empieza a conocer los nombres de las partes del cuerpo.

• Escucha con avidez a otros niños cuando hablan entre sí.

• Disfruta haciendo ruidos con instrumentos musicales.

• Sus balbuceos tienen toda la cadencia del habla.

• Se queda fascinado por el uso del lenguaje de otros niños de su misma edad.

Aprendizaje

• Puede completar una tarea sencilla pero larga si le animan.

• Puede dejar lo que está haciendo y volver a ello más tarde.

• Es aficionado a explorar toda la casa pero no es consciente del peligro.

• Exhibe una expresión facial seria cuando le leen un cuento.

• Va desarrollando la imaginación en el juego, por ejemplo fingiendo que está merendando.

Desarrollo socioemocional

• Es más confiado socialmente pero a veces le asustan los extraños.

• Tiene un mayor sentido de su identidad y es consciente de ser un individuo con sus propios gustos y aversiones.

• Reconoce que su nombre es distinto al de otras personas.

• Quizá desarrolle un poco de miedo, por ejemplo a los animales.

• Le encanta ser independiente y apañárselas sin la ayuda de sus padres.

• Quizá pase por una fase temporal de apego hacia uno de sus progenitores.

Coordinación oculomanual

• Es capaz de sujetar dos objetos con cada mano al mismo tiempo.

• Agarra las cosas con fuerza y raramente se le caen los objetos accidentalmente.

• Le gusta jugar con objetos móviles y los observa mientras se mueven.

• Disfruta encajando las piezas de un puzzle de tablero.

Aptitudes lingüísticas

• Puede pronunciar cinco o seis palabras sencillas.

• Comprende muchas más palabras de las que sabe decir.

• Se divierte mucho cuando le cantan y recitan rimas familiares.

• Puede seguir una gama más amplia de instrucciones básicas como «Deja el juguete» o «Toma la galleta».

Aprendizaje

• Se concentra bien hasta que completa una actividad.

• Disfruta con los juegos de fingimiento, tanto solo como con sus padres.

• Intenta ordenar sus juguetes si le dan instrucciones.

• Goza jugando con agua y arena.

Desarrollo socioemocinal

• Está muy decidido a salirse con la suya.

• Tiene una rabieta cuando su frustración es excesiva.

• Quiere comer solo aunque no lo consiga del todo.

• Es aficionado a explorarlo todo, tanto si es seguro como si no.

• Empieza a mostrar signos de celos cuando los padres dedican su atención a otros.

• Le encanta el carácter social de una comida familiar.

• Puede empezar a aprender normas sociales como saludar a otra persona diciendo «hola».

Desarrollo

psicomotor

Desarrollo psicomotor

La transformación de su bebé, de ser un recién nacido que apenas controla los movimientos de la cabeza, las manos, las piernas y el cuerpo a ser alguien que probablemente ya haya dado el primer paso a los 15 meses, es uno de los signos más visibles de desarrollo que jamás le verá. El enorme progreso en madurez física que se produce durante este brevísimo período de tiempo en la vida de los hijos es visiblemente asombroso.

▲ *Un recién nacido tiene una fuerza sorprendente, aunque sus movimientos sean aleatorios.*

Lo que resulta aún más asombroso es que algunos de los notables cambios que tienen lugar en el control del bebé sobre sus movimientos parecen producirse espontáneamente, sin indicación previa alguna, al ritmo de su maduración física y neuronal. Tomemos ese fundamental primer paso. No importa lo que usted haga para animar a su bebé a caminar antes, no será capaz de hacerlo hasta que llegue a una etapa natural de preparación física; caminar es una de esas capacidades psicomotrices que no se pueden acelerar. Por muchos ejercicios prácticos que usted le proponga hacer a un bebé de, digamos, 4 meses, él no conseguirá coordinar los movimientos

▶ *En cuanto su bebé pueda apoyar el torso sobre sus brazos habrá recorrido parte del camino que conduce a gatear.*

de piernas y cuerpo a esa edad para que le permitan caminar.

En contraste con la capacidad de caminar, hay pruebas de que la práctica en otros aspectos del movimiento sí tiene repercusiones. Un niño al que se le ofrecen muchas oportunidades de gatear, probablemente lo hará mejor que otro al que se le niegue esta forma de actividad. Lo mismo reza para subir y bajar escaleras. Tal vez la mejor estrategia que puede adoptar a la ahora de estimular los movimientos de su bebé es recordar que el ritmo de su desarrollo físico y

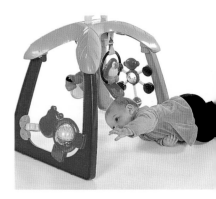

▲ *A los 6 meses, su bebé quizá sea capaz de arrastrarse o rodar sobre sí mismo para alcanzar algo que quiera.*

neuronal tiene una gran repercusión y que limitará el efecto de la práctica en algunas áreas.

Naturalmente, los cimientos de la capacidad de andar están presentes casi desde el nacimiento. Si usted levanta a un recién nacido con firmeza por las axilas (mientras le sostiene la cabeza con los pulgares) y le apoya las plantas de los pies sobre una superficie llana, moverá automáticamente las piernas en un acto reflejo de pisar. Parece que esté caminando, pero

no es así. Sin embargo, en los próximos 12 meses, esta reacción innata e involuntaria se convertirá en una parte de sus movimientos deliberadamente controlados.

Dirección del control

Cada bebé es distinto en cuanto a la velocidad del desarrollo psicomotor, pero en general su capacidad de aumentar el control sobre sus movimientos corporales en los primeros 15 meses sigue dos direcciones distintas:

• **De la cabeza hacia abajo.** Un bebé ejerce el control de la parte superior del cuerpo antes que de la inferior. Por ejemplo, es capaz de mantener la cabeza erguida independientemente antes de que su espina dorsal esté lo bastante fuerte para permitirle sentarse erguido sin ayuda, y esto lo hace antes de poder caminar.

• **Del pecho hacia fuera.** El bebé adquiere el control de la parte central de su cuerpo antes que de sus manos y pies. Por ejemplo, puede levantar el pecho del suelo antes de extender las manos con precisión, y es capaz de sujetar algo con los dedos antes de poder dar una patada a una pelota.

Los estudios científicos sugieren que estas dos direcciones del desarrollo psicomotor reproducen la secuencia de desarrollo del cerebro del bebé. En otras palabras, la parte del cerebro responsable del control de la cabeza y el pecho madura más deprisa que la parte encargada del movimiento de brazos y piernas; de ahí el esquema bidireccional de los progresos en el movimiento.

También es interesante tener en cuenta que el control del movimiento se desarrolla siguiendo una secuencia que avanza lógicamente hacia la capacidad de caminar. Un bebé que no tuviera, digamos, control sobre su cabeza y que no pudiera mantenerse erguido no sería capaz de caminar aunque sus piernas fueran lo bastante fuertes. Del mismo modo, el bebé necesita controlar el pecho y las caderas a fin de mantener el equilibrio mientras camina, de lo contrario se caería de bruces. Por eso está aprendiendo a caminar mucho antes de sostenerse en pie. De hecho, en el momento en que el recién nacido intenta levantar la cabeza para ver qué ocurre a su alrededor, ha iniciado una secuencia de desarrollo que, con el tiempo, le obligará a usted a comprarle su primer par de zapatos.

A su manera

Otro asombroso aspecto del movimiento de los bebés es que, aunque la mayoría superan sus hitos físicos aproximadamente a la misma edad (por ejemplo, la mayoría pueden sentarse erguidos sin ayuda hacia los 6 meses de edad), existe una enorme variación en el modo en que se alcanza cada etapa.

▲ *A los 15 meses, este niño ha dominado la compleja maniobra de sentarse en una silla.*

Gatear y caminar son buenos ejemplos de ello. Puede que su bebé sea uno de los que disfrutan gateando con las manos y rodillas en contacto con el suelo, mientras que el de sus mejores amigos de la misma edad quizá prefiera gatear con el trasero en alto y las rodillas separadas del suelo. Pero ambos están gateando, cada uno a su modo. A algunos bebés les disgusta tanto gatear que no muestran el menor interés por ello y realizan una suave transición entre arrastrarse sentados y caminar, sin apenas gatear entre ambos procesos. Lo mismo ocurre con la acción de caminar. Su bebé quizá haya pasado de sentarse erguido a gatear y ponerse en pie hasta caminar. Pero otros niños pasan por una fase intermedia de arrastrarse sentados, durante la cual se sientan en el suelo con la espalda recta, se incorporan ligeramente y luego bajan la parte posterior mientras se impulsan para avanzar.

Deje que su bebé encuentre su propia manera de expresar su deseo innato de adquirir el control sobre sus movimientos corporales. No se alarme si no sigue las mismas pautas exactas de desarrollo psicomotor que otros niños de su edad. Normalmente, todos acaban haciéndolo igual.

Desarrollo psicomotor

Edad	Capacidad
1 semana	Quiere ver el mundo desde distintas posiciones pero no tiene el control suficiente para levantar la cabeza del colchón o moverse hacia un lado.
1 mes	Para su satisfacción, ha desarrollado el control de la cabeza hasta el punto de ser capaz de levantar la cara cuando está tumbado en posición prona (boca abajo).
2 meses	Tiene un control muy limitado sobre sus brazos y piernas pero el suficiente para moverlos de un modo muy general a voluntad.
3 meses	Su control de la cabeza cuando está tumbado, tanto de bruces como de espaldas, ha madurado mucho, lo cual le proporciona una visión más amplia de su entorno.
4 meses	Tener más fuerza en la espalda le permite empezar a sentarse erguido, aunque no pueda hacerlo sin alguna forma de apoyo.
5 meses	Ahora que los músculos de sus piernas y pies son más fuertes, es capaz de empujarlos con firmeza contra cualquier objeto que tenga a su alcance.
6 meses	A esta edad, la mayoría de los niños son capaces de sentarse erguidos ellos solos por primera vez, sin necesidad de apoyo de ninguna clase.
7 meses	Además de ser capaz de rodar de un lado al otro, el bebé quizá empiece a mostrar los primeros signos de gatear.

Del nacimiento a los 7 meses

Qué hacer

Cuando saque de la cuna a su recién nacido, sosténgale la parte inferior del cuerpo suave pero firmemente con una mano mientras le sostiene la cabeza con la otra. Levántelo con ambas manos al mismo tiempo para que su cabecita no se eche hacia atrás.

Cuando esté tumbado boca abajo en la cuna, acerque el rostro a él para que, si levanta la cabeza, le mire a usted directamente a los ojos. Después diga su nombre en voz baja y sonríale; levantará la cabeza durante un par de segundos para mirarle.

Tumbe a su bebé de espaldas en la cuna. Cuando esté cómodo, sonríale y haga un ruidito para indicarle que se alegra de verle. Como reacción, él braceará y pataleará enérgicamente. Es su manera de decirle que se está divirtiendo mucho.

Extienda una manta gruesa en el suelo y coloque encima a su bebé, boca arriba. Cuando esté relajado en esa posición, tome sus manos como si fuera a levantarlo. Empezará a levantar la cabeza firmemente, anticipándose a su acción de ponerlo en pie.

Siéntelo en una superficie que no resbale, con las piernas extendidas al frente, separadas formando una uve. Si le proporciona un respaldo, será capaz de permanecer sentado en esa posición. Pero si se vuelve con demasiada rapidez, su cabeza puede empezar a bambolearse.

Cuando esté tumbado en la cuna con los pies en alto, apoye las palmas de las manos contra las plantas de sus pies y mantenga la posición. Probablemente él hará tanta fuerza con los pies contra sus manos que su cuerpo se alejará de usted hacia el otro extremo de la cuna.

Siéntese en el suelo con su bebé y siéntele junto a usted en una posición estable. Rodéelo de cojines, ya que podría perder el equilibrio. Aguantará la cabeza con firmeza y podrá volverse confiadamente si algo le llama la atención.

Coloque a su bebé boca abajo en el suelo limpio y luego deje un pequeño juguete atractivo o su osito de peluche favorito ante él y un poco a la derecha, para que pueda verlo claramente. Intentará avanzar hacia el juguete, quizá encogiendo una rodilla hacia la barriga.

Desarollo Psicomotor

Edad	Capacidad
8 meses	Su mayor fuerza en las piernas y los pies le da confianza para intentar movimientos de equilibrio más atrevidos.
9 meses	Coordina mejor los movimientos de gateo y empieza a poder mover todo su cuerpo.
10 meses	Algunos niños de esta edad muestran la intención de ver su entorno desde la posición erguida.
11 meses	El mundo es su territorio, ahora que puede impulsarse por el suelo sin depender de la ayuda de un adulto.
1 año	En muchos niños –aunque no en todos–, los primeros signos de caminar solos pueden empezar a vislumbrarse ahora.
13 meses	Los tramos de escalera le han fascinado durante meses, pero su mayor madurez física y confianza actuales indican que ya está preparado para subir por ellos.
14 meses	A esta edad, la mayoría de los niños se ponen en pie, aunque algunos son más estables que otros. Si el suyo no camina todavía, no se preocupe: le queda mucho tiempo para dominar esta habilidad.
15 meses	El control del pecho, la cabeza y las piernas le permite tomar parte en una gama más amplia de juegos exploratorios, sin necesidad de que nadie le ayude a mantener una posición estable.

De los 8 a los 15 meses

Qué hacer

Sujete firmemente a su bebé por debajo de las axilas. Bájelo gradualmente hacia una superficie sólida, sin dejar de sonreírle en todo momento. Cuando sus pies toquen el suelo, apoyará su peso sobre las piernas extendidas y quizá las flexione, como si diera saltitos.

Mientras esté tumbado en el suelo boca abajo, realizará enérgicos intentos de alcanzar un objeto que le llame la atención. Probablemente encogerá ambas rodillas hacia la barriga y extenderá los brazos. Con suerte, quizás avance hacia el objeto.

Sitúe a su bebé en posición erguida, sujetándolo por debajo de las axilas, y ayúdele a aferrarse al canto de una mesa baja. Si usted aparta las manos de él unos centímetros, quizá siga en pie utilizando la mesa como apoyo.

Deje un objeto a varios metros de él y obsérvelo desplazarse por el suelo, quizá siguiendo el método tradicional de gatear sobre las manos y rodillas para evitar el otro método, el de arrastrarse sentado. De cualquier modo, estará en movimiento.

Tome las manos de su bebé situándose frente a él. En cuanto alcance una posición erguida estable, dé un paso atrás lentamente, al tiempo que le anima a avanzar hacia usted. Quizá camine uno dos pasos vacilantes.

Anímelo a subir las escaleras. No obstante, debe prepararse para ayudarlo. Pronto descubrirá que bajar no es tan fácil como esperaba y quizá se eche a llorar en cuanto se dé cuenta de que se ha quedado atascado a medio camino.

Sitúese a varios metros de él y sostenga un juguete en alto. Cuando avance hacia usted, vaya a otro punto de la habitación. Ya es capaz de detenerse manteniendo el equilibrio, mirar hacia usted y cambiar de dirección sin caerse.

Su bebé quizá tenga una mesita de su tamaño con sillas perfectamente adaptadas a su corta estatura. Coloque varios juguetes pequeños sobre la mesa para que juegue con ellos y descubrirá que es capaz de arrodillarse sin vacilar sobre la silla para apoderarse de los juguetes.

Estimulación del desarrollo psicomotor: del nacimiento a los 3 meses

Aunque su bebé tiene una necesidad innata de explorar su entorno, el control sobre sus movimientos corporales durante estos primeros meses es extremadamente limitado. Al nacer, por ejemplo, no puede mantener la cabeza erguida sin apoyo y no puede rodar sobre sí mismo para tumbarse de espaldas, de costado o sobre la barriga, aunque eso no le impida intentarlo. En muchas ocasiones verá a su recién nacido esforzándose en vano por moverse para cambiar de posición.

CAMBIOS SUTILES

Los progresos en los movimientos de la cabeza y del cuerpo son visibles si se sabe qué observar. Cuando el bebé tiene apenas unas semanas de vida, puede mover la cabeza a la derecha o la izquierda, pero principalmente la girará hacia la derecha, apoyando la mejilla derecha sobre la superficie de la cuna. Es una acción refleja perfectamente normal.

A medida que se acerque a los 3 meses de edad, sin embargo, pasará mucho más tiempo con la parte posterior de la cabeza apoyada en la superficie de la cuna. Este mayor control le permitirá más opciones sobre lo que poder mirar. La fuerza de estos reflejos iniciales disminuirá rápidamente y los movimientos aprendidos ocuparán su lugar.

Sugerencias

La posición más relajada para su recién nacido cuando esté en la cuna es tendido de espaldas. Así goza de constantes oportunidades de agitar las piernas en el aire y manotear libremente. Con el tiempo, estos movimientos de las extremidades se harán más fuertes y mejor coordinados, pero

▼ *A los bebés les gusta estar recostados, pero asegúrese de que tiene un apoyo adecuado para la cabeza, el cuello y la espalda.*

por ahora necesita pasar más tiempo tumbado sobre el colchón, sin soportar el agobio de pesadas mantas. Mientras la habitación sea cómoda y él esté vestido con ropa de abrigo, disfrutará de estos movimientos sin restricciones.

Naturalmente, si el entorno estimula su interés, su bebé hará un mayor esfuerzo por moverse a partir de una posición estática. Por eso debe usted dejar juguetes dentro de su campo de visión, para que se anime a girarse hacia ellos. Incluso

un móvil infantil colgado justo encima de él actúa como incentivo para el movimiento. Los bebés se aburren con facilidad, así que esfuércese por variar los objetos de juego de su cuna: un cambio en el escenario mantiene vivo su interés. Los músculos de su cuello no están del todo desarrollados, lo que significa que no tiene mucho control sobre los movimientos de su cabeza y cuello, pero de algún modo conseguirá moverse para ver los juguetes atractivos.

Además de estar tumbado de espaldas, a su bebé le gusta que lo dejen boca abajo sobre el colchón o en el suelo limpio. Cuando está en esta posición, su curiosidad natural le impulsa a levantar la cabeza.

P y R
Preguntas y Respuestas

P ¿Por qué los movimientos de brazos y piernas de mi bebé se vuelven más enérgicos cuando está enfadado?

R Es su manera de decirle que no está contento. No puede expresar su aflicción con palabras, por lo que emplea la comunicación no verbal para hacerle saber lo que siente. Sus lágrimas, acompañadas por rápidos movimientos de las extremidades, transmiten el inconfundible mensaje de que está descontento.

P ¿Puedo hacerle daño en las piernas flexionándolas y estirándolas para fortalecerlas?

R Siempre que lo haga con suavidad, sin provocarle incomodidad alguna, los músculos de sus piernas probablemente se beneficiarán de este ejercicio. Sin embargo, no le fuerce. Si usted le mueve las piernas con mucha suavidad y le habla animadamente mientras tanto, su bebé probablemente lo pasará en grande.

Juguetes: cubos de plástico, sonajeros que pueda agarrar una mano pequeña, centro de actividades para la cuna, alfombra-gimnasio.

◆◆◆◆◆◆◆ Consejos ◆◆◆◆◆◆◆

1. Déjelo patalear cuanto quiera cuando le cambie los pañales. Su bebé se recrea con esta sensación de libertad sin trabas y quizá dé bruscas patadas de excitación. Manténgalo estable sobre la superficie donde le cambia mientras patalea furiosamente.

2. Túmbese en el suelo a su lado. La verdad es que adora a sus padres y quiere que estén con él todo el tiempo posible. Cuando esté junto a él, verá que intenta mirar o moverse hacia usted.

3. Por razones de seguridad, no le pierda de vista cuando no esté en la cuna. Se sorprendería de cuánto puede moverse su recién nacido partiendo de una posición dada. A pesar de su falta de coordinación, conseguirá moverse de algún modo.

4. Deje juguetes en un lado de su cuna hoy y en el otro lado mañana. Alterar la ubicación de este modo anima a su bebé a emplear distintos músculos del cuerpo para llegar a ellos.

5. Reduzca progresivamente la cantidad de apoyo que le pone para la cabeza cuando le levanta hasta una posición erguida. Utilice su propio criterio. Ciertamente, no debe dejar que la cabeza le cuelgue hacia atrás, pero tampoco ha de hacer usted el trabajo cuando sus músculos puedan ocuparse de eso.

▲ *Cuando se sostiene a un recién nacido erguido con un pie encima de una superficie plana, automáticamente levanta una pierna y baja la otra como si caminara. Este reflejo desaparece al cabo de unas 6 semanas.*

Hasta las 5 o 6 semanas de edad, no será capaz de realizar este ejercicio durante más de un par de segundos, pero a partir de entonces la maduración de los músculos del cuello le permitirá levantar la cabeza unos momentos cuando esté en posición de descanso. El movimiento se parecerá a cómo haría las flexiones un adulto que no estuviera en forma. Supone un buen ejercicio práctico para él. Además de hacer que el día sea más estimulante, es otra oportunidad de desarrollar esos movimientos tan básicos.

En cuanto su bebé tenga unos meses, otra actividad apropiada es sostenerlo erguido, aunque deberá sujetarlo con firmeza porque su espalda no podrá soportar aún toda la presión. Le encanta ver el mundo de este modo y, en el momento en que le incorporan, quizá mientras usted lo sienta sobre sus rodillas, los movimientos de su cabeza y cuello resultarán mucho más variados y activos.

Estimulación del desarrollo psicomotor: de los 4 a los 6 meses

En su mayoría, los reflejos iniciales que rigen el movimiento han desaparecido y su bebé ejerce ahora un control mucho mayor sobre sus brazos, piernas, pecho y cabeza. Probablemente, el cambio más significativo en el movimiento durante este período sea su capacidad de sentarse erguido con una cantidad de apoyo cada vez menor. Y hacia los 6 meses de edad, empezará aquello de «¡Mírame, puedo hacerlo solo!».

PUEDO RODAR

Cuando su bebé tenga unos 4 meses, usted advertirá que se vuelve de un lado al otro. Estará de costado hacia la izquierda y a los pocos segundos mirará hacia la derecha. Es una notable proeza de coordinación en la que participan la cabeza, el cuello, el pecho, las caderas, los brazos y las piernas. Su bebé puede cambiar de posición sin esperar su ayuda, lo cual proporciona un gran impulso a su independencia.

De un modo similar, puede girar por sí solo y pasar de estar tumbado de espaldas a yacer boca abajo. Además de proporcionarle más maneras de explorar y descubrir, esta demostración de fuerza corporal indica que se está preparando para sentarse erguido, gatear y caminar.

Sugerencias

La tendencia de la cabeza del bebé a colgar hacia atrás desaparece progresivamente, permitiéndole experimentar el movimiento sin perder el control sobre la cabeza. Así se siente más seguro y, en consecuencia, le encantan esos juegos en los que usted le sienta en sus rodillas, mirándolo a la cara mientras le hace brincar arriba y abajo. Naturalmente, se bambolea hacia los lados y necesita que usted le impida caerse, pero él considera esta actividad muy divertida: ¡se ríe audiblemente de placer!

Hay otros juegos de movimiento adecuados, como balancearlo suavemente de lado a lado mientras lo sujeta con firmeza. Comprobará que su equilibrio mejora invariablemente entre el cuarto y el sexto mes y, en consecuencia, su

▶ *En cuanto su bebé pueda sentarse independientemente, tendrá a su alcance una gama más variada de juguetes y actividades.*

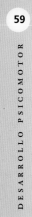

▲ *Dejar su juguete favorito justo fuera de su alcance animará a su bebé a impulsarse hacia adelante.*

confianza con el movimiento también aumentará.

✦✦✦✦✦✦✦ Consejos ✦✦✦✦✦✦✦

1. Hágale cosquillas en las axilas y por todo el cuerpo. Sus piernecitas y bracitos reflejarán una oleada de actividad cuando usted le haga cosquillas con suavidad. No se exceda, o se echará a llorar por el exceso de emoción.

2. Cuando esté boca abajo, deje sus juguetes favoritos justo fuera de su alcance. Ahora que sabe que puede avanzar hacia ellos, se esforzará mucho por llegar hasta ellos. Pero no los deje demasiado lejos o se cansará de intentar alcanzarlos.

3. Recorra la habitación mientras habla con él. Cuando su bebé esté sentado en una postura estable, hable con él. Al cabo de unos segundos, camine lentamente hacia el otro extremo de la habitación para que él tenga que volver la cabeza siguiendo su voz. Esto aumenta el control y el equilibrio de la cabeza.

4. No le arrope demasiado por la noche. Necesita espacio para moverse mientras está tendido en la cuna a la espera del sueño. Las mantas deben reposar encima de él, no estar remetidas bajo el colchón. Igual que usted, él quiere libertad para cambiar de postura.

5. Déle juguetes pequeños para que los agarre cuando usted le sienta en su regazo. El equilibrio de su bebé mejorará mucho más cuando se concentre en otra actividad al mismo tiempo. Usted descubrirá que, mientras él sujeta un juguete, puede estar sentado sin bambolearse.

Los ejercicios sencillos destinados a estimular los músculos de su espalda, pecho y cuello desempeñan ahora un papel más importante en sus actividades diarias, aunque siempre debe tener cuidado de no forzarlos si él se resiste. Pruebe lo siguiente: deje a su bebé tumbado en el suelo con los brazos y las piernas extendidos y arrodíllese a sus pies, de modo que él pueda enfocar la vista en su cara sin dificultad, y luego atraiga su atención y acerque los dedos índices a sus manitas para que pueda agarrarlos; cuando note que se ha aferrado a sus dedos, levántelos unos centímetros del suelo.

A los 4 o 5 meses de edad, su bebé probablemente podrá rodar sobre sí mismo y pasar de estar tumbado de bruces a yacer de espaldas; esto es más fácil que al contrario porque en este caso puede utilizar los brazos para empujarse con el fin de iniciar el movimiento.

Su bebé todavía necesita pasar cierto tiempo boca abajo con regularidad. Sólo en esta posición puede hacer presión para levantarse del suelo y fortalecer los músculos superiores del torso. Cuando tenga unos 6 meses, podrá separar del suelo la cabeza, los hombros y el pecho, de modo que sólo las caderas y las piernas sigan en contacto con dicha superficie. Y si el rostro sonriente de sus padres está allí para darle la bienvenida, intentará con mayor empeño alcanzar esta meta. No se olvide de los músculos de sus piernas. Quizá sea capaz de sostener su propio peso con las piernas si usted le sujeta firmemente por las axilas cuando le pone en posición erguida. Practique este ejercicio con él.

P y R

P ᴿᵉᵍᵘⁿᵗᵃˢ **y** **R** ᵉˢᵖᵘᵉˢᵗᵃˢ

P ¿Por qué mi bebé de 5 meses suele levantar las piernas del colchón, cuando antes siempre las apoyaba en él?

R Es simplemente el efecto del crecimiento de los músculos de sus piernas y del hecho de que ya no sea tan pasivo. Mantener las piernas en alto así le resulta más cómodo y le permite moverse con más libertad sin chocar con nada.

P ¿Debería impedirle que se retuerza cuando le baño?

R Su primera prioridad debe ser que no corra peligro. Pero si le sujeta con firmeza, puede dejar que se retuerza y chapotee. La sensación del agua caliente sobre sus piernas, sumada al ruido del chapoteo, le resulta muy excitante. Concédale unos minutos adicionales durante la rutina del baño a fin de que disponga de este rato especial para ejercitar su capacidad de movimiento.

Juguetes: correpasillos, futón o colchoneta fina, libro de cuentos flexible, cubos de construcción blandos, juguetes de bañera, cojines, figuras geométricas de madera.

Estimulación del desarrollo psicomotor: de los 7 a los 9 meses

Una vez adquirido cierto control sobre el movimiento de la parte superior de su cuerpo, hasta el punto de que pueda sentarse erguido fácilmente, es el turno de que la parte inferior empiece a reaccionar más, durante los siguientes 3 meses. A medida que se manifiesten las primeras etapas del gateo, y quizá también su primera reacción intencionada de ponerse en pie, el bebé descubrirá maneras nuevas de desplazarse por la casa. Esto abre nuevas posibilidades de juego y agudiza aún más su deseo de explorar.

FRUSTRACIÓN

La ambición de su bebé supera su capacidad de movimiento. En otras palabras, tiene miras muy altas y no le gusta nada que la realidad se imponga y no poder llegar al muñeco de trapo situado a sólo un metro de distancia. Las lágrimas de frustración corren libremente a esta edad.

Tranquilícelo, déle confianza y dispóngase a acercarle el objeto de su desesperación. La próxima vez que lo oiga gemir de frustración, intente calmarlo antes de que llegue al punto crítico de estallar en lágrimas. Es menos probable que se enfade y se rinda si usted está a su lado. Es necesario encontrar un equilibrio entre animarlo a dirigirse al origen de su interés y provocarle demasiada frustración.

Sugerencias

A partir de los 6 meses de edad, ayude a su bebé a ejercitar la capacidad de sentarse y mantener el equilibrio que ya había adquirido. Por ejemplo, cuando esté en esa posición, deje una amplia variedad de juguetes atractivos a su alrededor, unos a ambos lados de él y otros fuera de su alcance. Si le permite jugar solo, tomará un juguete y luego lo descartará para tomar otro distinto del otro lado. Cada vez que alargue la mano, agarre algo, lo deje, se vuelva y se estire, su bebé mejorará los movimientos de la parte superior del cuerpo, además de su equilibrio.

Y es en esta etapa cuando empezará a gatear. Tenga presente que el desarrollo de este proceso consta de varias fases: no pasa de carecer de cualquier habilidad de gateo un día a gatear confiadamente al siguiente. De hecho, cierto estudio psicológico confirma que existen hasta 14 pasos distintos que su bebé tiene que dar antes de poder gatear competentemente. Esto significa que necesita estímulos y práctica.

No sea impaciente con él porque, digamos, todavía no levanta la barriga del suelo cuando gatea: sus movimientos simplemente no han madurado aún lo suficiente. Esta capacidad mejorará espontáneamente; no hay ejercicios concretos que usted pueda proponerle para acelerar el proceso. No obstante, asegúrese de que tiene muchas oportunidades de yacer boca abajo en el suelo para que ejercite su capacidad de gatear y la amplíe mediante la práctica. También descubrirá usted que, hacia el séptimo mes, su bebé rueda sobre sí mismo competentemente, pasa de yacer de bruces

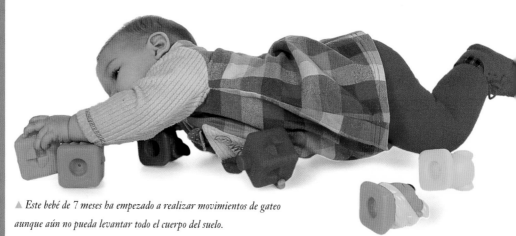

▲ *Este bebé de 7 meses ha empezado a realizar movimientos de gateo aunque aún no pueda levantar todo el cuerpo del suelo.*

a tumbarse de espaldas y también al contrario. Esto provoca que la vida sea mucho más interesante para él.

Aunque su bebé de 9 meses no haya adquirido la habilidad de caminar solo, probablemente ya posea las aptitudes físicas y la confianza en sí mismo necesarias para sostenerse cuando se ponga en pie. Cada día, coloque a su bebé en posición erguida un par de veces y déjelo que soporte su propio peso agarrado a una mesita baja o a una silla maciza y pesada, que no pueda derribar.

Tenga en cuenta que probablemente se caerá si deja de sostenerle, por lo que no debe

▲ *Sostener a su bebé en pie le ayuda a fortalecer los músculos y a ejercitar el equilibrio que necesita para caminar.*

distraer su atención mientras está en pie. Prepárese para frenarle si se suelta o pierde el equilibrio, déle confianza y luego vuelva a la posición inicial. Hágale muchos mimos y elógiele cuando consiga superar este reto particular.

▼ *A los nueve meses, esta niña gatea con toda la confianza.*

✦✦✦✦✦✦ Consejos ✦✦✦✦✦✦

1. Deje que pase tiempo con el correpasillos. Será feliz sentándose en este juguete, aunque a esta edad quizá no pueda impulsarlo en la dirección deseada. Si se inclina demasiado hacia un lado, vuélvalo a sentar en el centro.

2. Hágale cosquillas en las plantas de los pies. Las plantas de los pies son muy sensibles a las cosquillas. No mueva la mano mientras lo hace para que él pueda elegir si retirar las piernas o mantenerlas en esa posición.

3. Déle instrucciones o hágale preguntas simples. Por ejemplo, cuando esté sentado y rodeado de juguetes, pregúntele: «¿Dónde está el osito?» Quizá se vuelva para buscarlo y trate de alcanzarlo.

4. Juegue mirándolo de cara. Siéntese en el suelo de cara a su bebé y entréguele juguetes. En cuanto capte la onda de este juego de pasarse cosas, sostenga el juguete a pocos centímetros del punto de recogida normal para que él tenga que inclinar el cuerpo y extender los brazos si quiere alcanzarlo.

5. Deje caer juguetes «accidentalmente». Una buena manera de animarle a utilizar todo el control del pecho y las caderas es fingir que intenta darle un juguete pero dejarlo caer deliberadamente al suelo. Permita que sea él quien lo recoja.

DESARROLLO PSICOMOTOR

P y R

Preguntas Y **R**espuestas

P Mi bebé tiene 9 meses. Me preocupa que se haga daño cuando intente ponerse en pie. ¿Cómo puedo evitarle las caídas?

R La única manera de aprender una nueva posibilidad de movimiento es aceptando nuevos desafíos, y siempre existe un riesgo menor de lastimarse en tal situación. En lugar de restringir sus movimientos, quédese junto a él cuando maniobre; así estará usted en una posición adecuada para evitar un posible accidente.

P Mientras otros niños parecen rebosar de energía y actividad durante todo el día, el mío se limita a quedarse sentado casi siempre. ¿Le pasa algo malo?

R Esta falta de actividad probablemente tenga que ver más con su personalidad que con su incapacidad. Mientras se interese por los juguetes y preste atención cuando usted le hable, no tiene por qué preocuparse. Probablemente será uno de esos niños que pasan directamente de sentarse a caminar, sin una fase intermedia de gateo.

Juguetes: sonajeros fáciles de agarrar, centro de actividades en el suelo, pelotas blandas, juguetes pequeños con ruedas, vehículo infantil sólido para sentarse encima.

Estimulación del desarrollo psicomotor: de los 10 a los 12 meses

Es como si la mejora en el equilibrio y los movimientos corporales de su bebé, sumada a su mayor fuerza en el pecho, las caderas y las piernas, se hubieran aliado para manifestarse en este último tramo del primer año, porque es en esta etapa cuando realmente puede dar ya sus primeros pasos. Y aunque todavía no haya empezado a andar a los 12 meses de edad, es casi seguro que estará a punto de lograrlo.

NORMAS DE SEGURIDAD

Cuando su bebé llegue a una etapa de mayor movilidad, correrá un riesgo mayor de lastimarse en el hogar. Los niños de esta edad más activos tienen una asombrosa capacidad de introducirse en lugares reducidos y fascinantes que usted jamás habría imaginado que vieran, y mucho menos que cupieran en ellos. Las escaleras ejercen una atracción particular para los niños que gatean y se desesperan por ver qué hay en el piso de arriba.

Intente que su hogar sea seguro para los niños. Además de colocar una verja de seguridad en lo alto y al pie de las escaleras, instale cierres a prueba de niños en todas las alacenas bajas de su cocina y cuarto de baño. Elimine los peligros donde pueda, porque si su bebé es capaz de llegar hasta ellos, casi a ciencia cierta lo hará.

Sugerencias

La capacidad de gatear de su bebé todavía es importante y usted debería seguir animándole de nuevas maneras. Por ejemplo, puede dejarle en una esquina de la habitación y luego llamar su atención desde la esquina opuesta. Este ejercicio es bueno para él, ya que disfruta con la experiencia de desplazarse a distancias relativamente mayores. También puede usted preparar minicarreras de obstáculos para que él los supere: un cojín grueso situado estratégicamente entre ambos le obligará a pasar por encima de él para llegar hasta usted. Si está lo suficientemente motivado, su bebé saltará esa valla sin demasiado esfuerzo.

▶ *Alrededor del año de vida, es probable que su bebé camine junto a los muebles sujetándose con una mano.*

Esfuércese por hacer que se desplace mientras esté en pie. Una manera de conseguirlo es ayudarle a adoptar la posición erguida (o dejar que la alcance solo) y sujetarlo firmemente por las manos, de modo que no pueda caer

◀ *Usted puede ayudar a su bebé a dar sus primeros pasos sujetándole por las manos y animándole mucho verbalmente.*

hacia atrás, hacia adelante o hacia los lados. Cuando vea que usted retrocede lentamente, alejándose de él, quizá intente dar un paso al frente. Si permanece clavado en el sitio, anímele mucho verbalmente a que vaya hacia usted; incluso puede tirar suavemente de sus manos para indicarle la dirección en la que tiene que avanzar.

Otra manera es dejarlo descansar en posición erguida mientras se agarra a una larga serie de muebles para apoyarse. Así adquiere la confianza necesaria para ir avanzando. Por ejemplo, puede dejarlo en una punta de un sofá largo y esperarlo en la otra. O bien puede poner una serie de sillitas en fila para que vaya avanzando desde

▲ *A la mayoría de los niños les encanta que los balanceen, pero sujételos siempre por las axilas; no los balancee nunca agarrándolos por los brazos.*

un extremo al otro sin tener que sentarse por el camino.

Recuerde que el acto de caminar requiere no sólo un buen equilibrio y movimientos corporales bien coordinados, sino también montones de confianza. A menudo es esta falta de confianza en sí mismo lo que impide a un niño dar su primer paso independiente: tiene miedo de caerse. Por eso necesita que usted tenga paciencia y le dé apoyo. Haga lo que pueda por relajarse y animarle a caminar, pero no le cree ansiedad al respecto, o de lo contrario preferirá seguir en la segura etapa de permanecer sentado.

▼ *Los bebés consiguen a menudo ponerse en pie aferrándose a los barrotes de la cuna o el parque.*

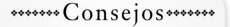

✦✦✦✦✦✦ Consejos ✦✦✦✦✦✦

1. Utilice el parque como sostén. Si su bebé está en el interior del parque cuando usted se acerque, inclínese por encima de la barandilla y extienda los brazos hacia él. Espere hasta que se ponga en pie agarrándose a los barrotes del parque antes de sujetarlo por las manos.

2. Haga divertidos los juegos de movimientos. Naturalmente, usted quiere que su bebé de 1 año camine. Enfadarse con él no le ayudará y sólo le pondrá de mal humor; eso disminuirá su confianza y le volverá reacio a intentarlo. Procure que sea divertido.

3. Permítale tener éxito. No sirve de nada exigirle demasiado a su bebé. Necesita alcanzar el éxito en desafíos que impliquen movimiento, de lo contrario su entusiasmo disminuirá. Cuando consiga llegar a un nivel nuevo, hágale saber que le encanta.

4. Aumente progresivamente la distancia entre los muebles. En cuanto su bebé empiece a recorrer la habitación utilizando los muebles para apoyarse, aumente gradualmente la separación entre ellos para que casi tenga que lanzarse hacia el siguiente.

5. Espere episodios de progresos moderados. Quizá haya períodos de desarrollo en los que los progresos parezcan haberse detenido o incluso dado marcha atrás. Esto les ocurre a muchos niños. Sus progresos volverán a ser evidentes cuando esté preparado y confiado.

Preguntas **y R**espuestas

P ¿Debo soltarle las manos de golpe para que se quede en pie y se vea obligado a dar un paso?

R En teoría, eso podría motivar a su bebé para que camine, aunque es más probable que se asuste. Los gestos teatrales como éste pueden ser contraproducentes para su bebé y minar su confianza en usted la siguiente vez.

P Desde que mi bebé intenta caminar se ha caído un par de veces y ya no sigue intentándolo. ¿Qué debo hacer?

R Déle tiempo para que recupere la confianza en su capacidad de andar. Descubrirá que su impulso natural por caminar independientemente vuelve a surgir al cabo de unos días, en cuanto se haya recobrado de su susto temporal. Entretanto, no le presione para que camine.

🧸🚂 **Juguetes:** carrito de madera con bloques de construcción, vehículo infantil grande, grandes cubos de madera para sujetarse al caminar, sillas de tamaño infantil.

Estimulación del desarrollo psicomotor: de los 12 a los 15 meses

La mayoría de los niños da sus primeros pasos sin apoyo antes de los 15 meses de edad (la media es de 13 meses). ¡Y qué oleada de excitación le proporciona a su bebé! Ya no está limitado a una zona concreta, puede zambullirse en aventuras de exploración totalmente nuevas. Su estabilidad al caminar aumenta rápidamente y corretea por la casa sin el menor miedo, satisfecho de su propia importancia.

SIGUE SIN CAMINAR

Si su hijo o hija de 15 meses no ha dado aún su primer paso, no se preocupe. Algunos niños no caminan hasta varios meses después, y aun así, su desarrollo subsiguiente demuestra ser perfectamente normal. Es sólo que en su código genético tiene programado que caminará más tarde de lo normal.

Lo que importa es que los demás signos positivos de progresos en el movimiento sigan estando ahí, como que intenta gatear, patalea cuando está tumbado en la cuna, se pone en pie sujetándose a algo y extiende los brazos para llegar a los juguetes. Si estos rasgos positivos están presentes, puede usted creer que caminará muy pronto. Aun así, si su inactividad le resulta preocupante, hable con su pediatra o médico de cabecera para que le confirmen que todo va bien.

Sugerencias

La ayuda más importante que usted puede proporcionar a su hijo en esta etapa es incrementar su confianza y su estabilidad al caminar. A pesar de su determinación de sostenerse sobre sus pies, quizá se ponga nervioso al encontrarse en una posición tan expuesta: el mundo es realmente muy distinto desde ahí arriba. Y lo único que hace falta es una caída o un tropiezo menor para que sufra un pequeño revés. Por eso necesita montones de ánimos de sus padres cuando empiece a caminar. Esté a su lado siempre que pueda, sonriéndole, diciéndole lo fantástico que es y dándole un gran abrazo cuando lo consiga por sí mismo.

Al principio, probablemente caminará con los brazos extendidos hacia los lados, casi como

▶ *Cuando su bebé aprenda a caminar por primera vez, necesitará detenerse a menudo para estabilizarse.*

un funámbulo que coordina mal andando por una cuerda, y sus movimientos corporales serán bastante espasmódicos. No pasa nada; simplemente, está tanteando el terreno con mucho cuidado y dejando que su sistema de equilibrio se adapte a las nuevas sensaciones. Al cabo de un mes, aproximadamente, usted descubrirá que mantiene los brazos más cerca del cuerpo y que sus pasos son más uniformes, menos inseguros y en conjunto más relajados.

Ahora que ya anda, en el verdadero sentido de la palabra, hay que pensar seriamente en su seguridad sin limitarle demasiado. Cuando le lleve de compras con usted, por ejemplo, querrá apresurarse a recorrer los anchos y lisos pasillos del supermercado. Es una gran oportunidad para él de ejercitar su habilidad en el movimiento.

Pero es capaz de ir muy deprisa, y existe el peligro de que se abalance sobre los artículos de los estantes antes de poder detenerle, o incluso que desaparezca de su vista. Quizá le resulten útiles las correas que se ajustan alrededor del torso del bebé.

Es también ahora cuando amplía sus demás posibilidades de movimiento, como subir escaleras. Cuando se acerque a los escalones, es poco probable que empiece a subirlos a pie. Casi con toda certeza, se sentará o arrodillará y subirá así hasta el rellano.

◄ A los 15 meses, el equilibrio de este niño es lo bastante bueno para permitirle agacharse a recoger un juguete.

Preguntas y Respuestas

P ¿Es normal que un bebé camine un poco, luego gatee, después vuelva a andar, y así varias veces?

R Sí. Un niño raramente deja atrás su anterior modo de desplazarse en cuanto empieza a caminar. A fin de cuentas, sabe que gatear es una forma muy rápida y eficaz de moverse, que no le cansa. Caminar, por otra parte, es más lento y más agotador, al principio. Por eso sigue gateando cuando quiere recorrer distancias mayores.

P ¿Mi hijo debería llevar zapatos dentro de casa, o sólo cuando sale a la calle?

R El principal objetivo de los zapatos es proteger sus pies, no proporcionarle un mejor equilibrio. En esta etapa, por tanto, debería permitirle caminar descalzo por las zonas alfombradas, de modo que los músculos de sus dedos y pies se ejerciten al máximo.

Juguetes: juguetes de arrastrar, vehículos infantiles, pelotas blandas, sillas y mesa apropiadas, piscina hinchable para chapotear.

✦✦✦✦✦✦ Consejos ✦✦✦✦✦✦

1. Consuélele cuando se caiga. Su inestable posición para caminar le hará vulnerable a las caídas y eso puede asustarle. Consuélele, hágale mimos y vuelva a ponerle en pie inmediatamente después. Pronto se olvidará de ese momento de aflicción.

2. Deje que suba y baje de su silla sin ayuda. Es un reto muy complejo, pero puede superarlo si le dan tiempo suficiente. Los movimientos de torsión, arrodillarse y girar implicados suponen una práctica excelente para mejorar su capacidad de movimiento y su equilibrio.

3. Pídale que recoja los juguetes del suelo. Cuando empiece a caminar, su bebé tendrá ganas de recoger un juguete del suelo. Se detendrá a su lado, flexionará lentamente las rodillas y se echará hacia atrás para llegar hasta él. Con la práctica, mejorará.

4. Juegue con él a la pelota. No será capaz de mantenerse en pie y dar patadas con mucha precisión; lo más probable es que falle o se caiga sentado, o ambas cosas. Pero aun así disfrutará intentando esta nueva oportunidad de jugar.

5. Déjele espacio libre. Su bebé es un explorador dinámico y no necesita muchos estímulos para ir a donde le lleve su curiosidad. Asegúrese de que además tiene mucho tiempo libre para desarrollar espontáneamente su capacidad de andar y mantener el equilibrio, sin que nadie le oriente.

Sin embargo, su mayor coordinación y fuerza en las piernas le permitirán subir a más velocidad que antes. Necesitará que le vigilen cuando ascienda.

▼ Algunos niños no tienen miedo a las alturas y tratan de salir de su cuna a una edad temprana.

Coordinación

oculomanual

La importancia de la coordinación oculomanual

El mundo es un lugar fascinante para su bebé. Es mucho lo que quiere aprender y descubrir y, entre el nacimiento y los 15 meses de edad, su principal medio de explorarlo es mirando y tocando.

Ya de recién nacido, pasa mucho tiempo observando el mundo que le rodea, a veces simplemente asimilando la información que ve, a veces alargando la mano para participar directamente y a menudo combinando la vista y el tacto. Este proceso de coordinación oculomanual (que implica muchos aspectos, como enfocar la vista, mirar, extender el brazo, tocar, agarrar, levantar y lanzar cosas) le ocupará mucho tiempo.

Por eso descubrirá que su bebé intenta constantemente tocar todo lo que está a su alcance. Para usted, esa cajita de cartón es un insulso artículo que va a ir directo a la papelera, pero para su curioso bebé es un emocionante tesoro que debe ser explorado por sus ávidos deditos; quiere saber cómo levantar la tapa para ver lo que oculta en su interior. Igualmente, usted sabe que debe evitar a toda costa que esos deditos toquen el enchufe de la pared, mientras que su bebé no puede creer que tenga tanta suerte

◄ La mayoría de los movimientos de un recién nacido son instintivos, no deliberados.

cuando descubre semejante tesoro a su alcance.

La capacidad de su bebé de controlar sus manos y dedos –y observar de cerca esos movimientos– le permite explorar, descubrir y aprender cómo es el mundo que le rodea. Por ejemplo, utilizando la coordinación oculomanual, intenta acercar el sonajero a su rostro para estudiarlo atentamente, agitarlo e incluso saborearlo. La coordinación oculomanual temprana incrementa los avances en su aprendizaje.

Reflejos

Como usted ya habrá advertido, sin embargo, su bebé parece no tener prácticamente control alguno sobre los movimientos de sus manos al nacer y a lo largo de las semanas siguientes. Es como si sus manos tuvieran voluntad propia; quizá descubra, por ejemplo, que mientras su bebé mama, una de sus manos surge repentinamente de la nada y le golpea. Tranquilícese, no lo ha hecho adrede.

La verdad es que las aptitudes visuales y táctiles iniciales de su bebé están dominadas por varios reflejos con los que nació. Se trata de reacciones físicas sobre las que él no tiene control alguno

y que se producen automáticamente, sin que piense siquiera en ellas. Es un comportamiento instintivo. Muchos reflejos están relacionados con la supervivencia (como el reflejo de succión, que le hace chupar cada vez que tiene un pezón en la boca). No obstante, algunos reflejos iniciales están relacionados con la coordinación oculomanual. Son los siguientes:

• **Parpadeo.** Si su bebé oye un fuerte ruido repentino, o si un objeto se acerca a su cara rápidamente, cerrará automáticamente los ojos. Es una forma muy primitiva de autoprotección que está presente al nacer y que dura toda la vida. Al final del primer año, por ejemplo, seguirá parpadeando cuando un juguete se le caiga de las manos y se estrelle contra el suelo.

• **Reflejo palmar.** Cuando su bebé esté tumbado de espaldas con las manos en alto, apoye suavemente el dedo índice en la palma de su mano para

▼ En cuanto su bebé empiece a moverse, mantenga todo lo peligroso fuera de su alcance.

▲ *Un bebé de 7 meses es capaz de localizar un objeto, levantarlo y moverlo, a menudo con la boca.*

que note la presión de su tacto. Sus manos aferrarán automáticamente el dedo con mucha fuerza y parecerán incapaces de soltarlo. Este reflejo está presente al nacer, pero suele desaparecer cuando el bebé tiene 3 o 4 meses.

• **Reflejo de Moro.** Sea muy prudente cuando pruebe este reflejo. Sostenga a su bebé firmemente en alto, mirando hacia usted. Después bájelo rápidamente 15 centímetros (sujetándolo con seguridad). El reflejo de Moro (conocido también como reflejo de sorpresa) le obligará a arquear la espalda y separar los brazos y las piernas en un movimiento de abrazo, como si intentara aferrarse a algo. Desaparece hacia los 4 meses de edad.

Acción sin comprensión

Al mismo tiempo que su bebé deja atrás estos reflejos primitivos, su coordinación oculomanual se desarrolla de una manera más estructurada. Pero recuerde que todavía no entiende las implicaciones de sus actos. Ésa es la razón de que, por ejemplo, les arranque alegremente las gafas de la cara a sus padres y las retuerza animadamente

▶ *Hacia los 15 meses de edad, los niños tienen un buen control sobre las herramientas simples, como un martillo.*

hasta que se rompan. Es una curiosidad legítima lo que impulsa su conducta, nada más.

Por eso debe procurar no enfadarse cuando descubra que su bebé de 6 meses ha arrugado la carta que había llegado esa misma mañana y luego la ha empapado de saliva al intentar masticarla. Naturalmente, usted tiene que imponer límites a su comportamiento, o de lo contrario su hogar será en pocos meses un caos absoluto, pero esfuércese por conseguirlo sin perder los estribos ante sus exploraciones mediante la visión y el tacto. Si usted se enoja continuamente con él por este tipo de comportamiento, corre el riesgo de que su bebé acabe teniendo miedo de ponerse a investigar.

La misma prudencia debe aplicarse a la seguridad. La exploración es la clave de la coordinación oculomanual durante el primer año. Por lo que a él respecta, las cuentas de collar son cosas que hay que agarrar, masticar y tragarse. El susto de verlo toser, vomitar o comer tierra no preocupa en absoluto a su curioso bebé. Su determinación de descubrir es el único impulso al que responde, y la coordinación oculomanual le permite interactuar con su entorno. Limítese a no perderlo de vista para asegurarse de que no corre peligro.

Coordinación oculomanual

Edad	Capacidad
1 semana	Su bebé nace con muchos actos reflejos involuntarios que no puede controlar y uno de ellos es la reacción de prensión.
1 mes	Empieza a observar los objetos que tiene cerca de la cara y que además se mueven lentamente de un lado al otro.
2 meses	A esta edad empieza el control manual, a medida que los dedos se vuelven más flexibles. Se estudia los dedos con gran interés.
3 meses	Observa un objeto que se mueve lentamente dentro de su campo de visión y, si cree que está lo bastante cerca, extiende las manos para tocarlo.
4 meses	Su comprensión ha aumentado hasta el punto de que ahora puede anticipar los sucesos rutinarios y extender los brazos como si quisiera acelerarlos.
5 meses	La coordinación oculomanual mejora hasta el punto en que empieza a buscar un objeto que se le cae de las manos.
6 meses	Los movimientos de sus manos y dedos son ahora más coordinados y empieza a utilizar ambas manos en sincronía.
7 meses	Es capaz de jugar con juguetes con más intención y explorarlos de maneras nuevas e interesantes.

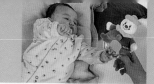

Del nacimiento a los 7 meses

Qué hacer

Sostenga firmemente a su bebé con la mano izquierda y coloque el dedo índice de la mano derecha en la palma de su mano. Automáticamente rodeará con la mano el dedo con mucha fuerza; intente retirarlo y verá que no lo suelta.

Acerque su rostro al del bebé y dedíquele una amplia sonrisa. Mientras él mira fijamente, tanto si sonríe como si no, mueva lentamente la cabeza varios centímetros hacia un lado y luego varios centímetros hacia el otro. Él seguirá atentamente con la vista los movimientos de su cabeza.

Déjele ver que deposita suavemente un objeto en la palma de su mano. A los pocos segundos, sus deditos se cerrarán con fuerza alrededor del objeto y quizá mueva la mano como si intentara acercárselo a la cara.

Instale un móvil colgante encima de su cuna, pero fuera de su alcance. Sople suavemente para que los elementos colgantes se muevan. Muy pronto, el movimiento del juguete llamará la atención de su bebé, que tratará de tocar las distintos elementos que se balancean por encima de su cabeza.

Tanto si le da el pecho como si lo alimenta con biberón, colóquelo en una posición que le permita ver cómo se prepara usted para darle de comer. Verá que se excita mucho y extiende los brazos y las manos hacia la fuente de alimento mucho antes de que esté a su alcance.

Haga ademán de darle un juguete pequeño. Justo cuando sus manos vayan a tocarlo, suéltelo para que caiga al suelo. Ponga cara de sorpresa y pregúntele con voz clara: «¿Dónde está el juguete?». Su bebé quizá baje la vista hacia el suelo, buscándolo.

Tome dos cubos de madera pequeños. Entregue uno a su bebé y deje que lo sujete con firmeza en la mano. Rápida pero suavemente, coloque el segundo bloque en su otra mano. Probablemente los sostendrá ambos al mismo tiempo durante un tiempo breve antes de soltarlos.

Ofrezca a su bebé una amplia gama de juguetes. En lugar de limitarse a metérselos en la boca, los agitará, los hará sonar e incluso entrechocar para que hagan ruido. Si usted da grandes muestras de alegría cuando él haga esas cosas, seguirá jugando con esos objetos.

Coordinación oculomanual

Edad	Capacidad
8 meses	Su bebé puede coordinar los dedos índice y pulgar, y utilizarlos a la vez en un movimiento de pinza.
9 meses	Ya controla mejor los movimientos de las manos y puede coordinarlos con mucha más eficacia.
10 meses	Le encanta jugar con juguetes que se muevan por el suelo, aunque no sepa caminar solo.
11 meses	Se queda fascinado ante los recipientes y está resuelto a explorarlos con las manos, a fin de averiguar qué ocultan en su interior.
1 año	Su coordinación oculomanual y su comprensión han aumentado hasta el punto en que ya puede utilizar los juguetes constructivamente cuando juega.
13 meses	Puede utilizar la mano para señalar que quiere un objeto concreto; quizá intente hablar al mismo tiempo.
14 meses	Empieza a demostrar que sabe cómo utilizar los lápices de colores adecuadamente, en lugar de limitarse a metérselos en la boca.
15 meses	Su control manual se ha ampliado ya de modo significativo y probablemente sea capaz de sostener dos objetos con cada mano al mismo tiempo.

De los 8 a los 15 meses

Qué hacer

Siente a su bebé en una trona y luego deje pequeñas porciones de comida de reducido tamaño en la bandeja frente a él. Alargará la mano, controlando sus dedos índice y pulgar con el fin de llevarse a la boca los pedazos.

Tome un trozo de cordel y ate un extremo a un juguete pequeño. Tras atraer la atención de su bebé hacia él, demuéstrele que puede hacer que se acerque a usted tirando del hilo. Después déle el cordel y observe si copia lo que ha visto.

Siéntese en el suelo y sitúe a su bebé de modo que se quede sentado de cara a usted. Tome una pelotita blanda y hágala rodar lentamente hacia él. La detendrá con la mano, la recogerá y quizá intente devolvérsela rodando.

Tome una caja de cartón vacía con tapa y meta dentro un par de juguetes o cubos de madera pequeños. Muéstrele la caja cerrada a su bebé, agítela ante él y luego entréguesela. Su curiosidad le obligará a intentar abrir la tapa para ver el contenido de la caja.

Cuando su bebé esté instalado en el suelo, déle una taza, un platito y una cucharita, todo de plástico, para que lo sujete. Jugará adecuadamente con estos artículos, quizá colocando la taza sobre el plato o introduciendo la cuchara en la taza.

En cuanto su bebé haya acabado de comer (pero mientras sigue bien sentado en su trona), deje su juguete favorito en una mesa junto a su bandeja. Asegúrese de que el juguete le llama la atención pero está fuera de su alcance. Probablemente lo señalará con el dedo índice.

Coloque un pequeño rotulador grueso en su mano y deje un bloque grueso de papeles a su lado. Después muéstrele cómo frotando el papel con el rotulador en cualquier dirección deja una marca. Verá que también él intenta dejar una marca en el papel.

Siente a su bebé un una posición cómoda pero erguido, con la espalda recta. Tome un par de juguetes muy pequeños y póngaselos en la mano izquierda. Inmediatamente, ponga otros dos en su mano derecha; los sostendrá los cuatro durante varios segundos.

Estimulación de la coordinación oculomanual: del nacimiento a los 3 meses

Su bebé necesita dedicar mucho tiempo a observar lo que ocurre a su alrededor. Mueve la cabeza de lado a lado mientras está tumbado en su cuna, absorto en todo lo que ve, y quiere desesperadamente extender los brazos y tocarlo todo, aunque su coordinación oculomanual apenas haya empezado a funcionar en esta etapa. Su necesidad innata de descubrir y aprender cosas nuevas le obliga a interactuar con su entorno.

CAUTIVE SU ATENCIÓN

Para estimular el interés de su bebé, instale un móvil colgante encima de su cuna. Sitúelo de modo que esté muy lejos de su alcance (de lo contrario, no dude de que llegará hasta él) pero lo bastante cerca para que pueda verlo con claridad, justo encima del punto más alto de la cuna. Si elige un móvil que además haga ruido cuando se mueva, tanto mejor.

Deje que su bebé vea cómo usted realiza las tareas domésticas rutinarias. Llenar y vaciar el lavaplatos es una labor doméstica aburrida para casi todo el mundo. Sin embargo, a su bebé le encanta ver cómo recorre usted la casa de ese modo. Si es posible, sitúelo en una posición que le permita ver fácilmente sus ocupaciones.

Sugerencias

Durante estos primeros 3 meses, su bebé será muy dependiente de usted para que le acerque los juguetes. Sin su ayuda y apoyo, pronto se aburrirá de yacer en la cuna o la canastilla, porque todavía no será capaz de utilizar

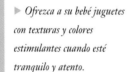

▶ *Ofrezca a su bebé juguetes con texturas y colores estimulantes cuando esté tranquilo y atento.*

las manos de una forma coordinada. Por eso deberá poner literalmente en sus manos los juguetes hasta que él los agarre. Y en cuanto los tenga en su poder, muévale el brazo suavemente adelante y atrás. Cuanto más le enseñe estas actividades y le ayude a realizarlas, más probable es que las repita por sí solo.

Los juguetes ruidosos de vivos colores son los más adecuados durante este período; a los bebés les resulta más fácil distinguir los colores primarios y secundarios (rojo, amarillo y azul) que los terciarios (como violeta, verde y naranja). Su visión y sonido atraen su atención y les hacen desear descubrir todo lo que puedan sobre ellos. Y no olvide recurrir a los libros ilustrados. Está claro que su bebé aún no sabe pasar las páginas, ni decirle los nombres de los objetos correspondientes a las ilustraciones, pero los mirará fijamente y tratará de tocarlos; como su bebé no se da cuenta de la diferencia entre una ilustración y un objeto real, intentará palpar los objetos representados en las páginas.

Cambie de posición a su bebé siempre que pueda. Resulta interesante comprobar que el mismo juguete le atrae de un modo distinto cuando está tumbado que cuando está erguido. Por ejemplo, su bebé sonreirá alegremente cuando usted le sostenga en brazos y le ofrezca un sonajero, aunque no haya mostrado el menor interés por el mismo

▲ *Un recién nacido se queda fascinado por un móvil colgante de vivos colores.*

juguete unos minutos antes, cuando estaba tumbado en la cuna.

A los bebés les encanta jugar a tirar de la cuerda para conseguir un juguete, siempre que lo logren. Cuelgue, por ejemplo, una anilla de plástico para niños encima de él hasta que la agarre con fuerza. Después tire con suavidad por el otro lado, al tiempo que le sonríe. Notará que su presa se refuerza y usted podrá dejar que la anilla vaya adelante y atrás en esta situación de forcejeo fingido. Pero ya lo sabe: si por error tira usted tan fuerte que le obliga a soltar la anilla, es casi seguro que su bebé se pondrá furioso y romperá a llorar.

▼ *Un gimnasio infantil tiene un gran interés visual al principio, y a su bebé le resultará muy emocionante en cuanto logre que los juguetes se muevan.*

✦✦✦✦✦✦ Consejos ✦✦✦✦✦✦

1. Cómprele juguetes que puedan sujetar con facilidad unas manos pequeñas. Los juguetes grandes son demasiado difíciles de sostener para él y pronto perderá interés por ellos. Le gusta agarrar objetos y acercárselos a la cara para poder estudiarlos atentamente.

2. Ante todo, sitúe los juguetes de modo que su bebé tenga que hacer un esfuerzo para llegar a ellos. Sin embargo, si ve que se esfuerza en vano, déselos de vez en cuando: de lo contrario, podría perder el interés y rendirse.

3. Proporciónele juguetes variados, si es posible. Aunque todos los sonajeros, por ejemplo, le parezcan iguales, cada uno es especial para su bebé, que les verá distintas cualidades.

4. Prepárese para hacer demostraciones de movimientos manuales ante su bebé si quiere que juegue repetidamente. Así le proporcionará ejemplos de nuevos juegos de movimientos que después quizá intente copiar.

5. Suponiendo que le compra juguetes seguros para niños de su edad, deje que se los meta en la boca y explore sus propiedades. Ésta es otra dimensión de la coordinación oculomanual.

P<small>reguntas</small> Y R<small>espuestas</small>

P ¿Es seguro dejar algunos juguetes en la cuna para que mi bebé pueda jugar cuando quiera?

R Siempre que tenga la certeza de que los artículos son seguros para los niños muy pequeños y no necesitan la supervisión de un adulto, está bien dejar algunos juguetes a su lado en la cuna. Aparte de mirarlos, también intentará agarrarlos. Es bueno concederle este tipo de independencia de buen principio.

P ¿Debemos elegir cortinas estampadas para nuestro bebé?

R Sí. Si quiere que el dormitorio del bebé sea atractivo. Además, las cortinas con estampados concebidos para los niños (como personajes de dibujos animados de vivos colores sobre un fondo blanco o claro) son geniales para él. Pasa mucho tiempo contemplando su entorno inmediato, y los colores y motivos atractivos estimulan su interés.

Estimulación de la coordinación oculomanual: de los 4 a los 6 meses

Su bebé cambia de forma espectacular a lo largo de este período. En conjunto, reacciona más ante usted y a su entorno. Con más intención al utilizar la vista y el tacto, su hijo se convierte en un explorador activo, que utiliza la coordinación oculomanual de una manera más centrada y controlada. Este cambio hacia un mayor grado de control le ayuda a involucrarse más activamente en el mundo.

ESTABLEZCA LÍMITES

Su bebé aún es muy pequeño, pero usted puede plantearse establecer algunas reglas respecto a lo que puede o no tocar. Empéñese en prevenirlo de los artículos pequeños. A su bebé todavía le gustará introducirse cosas en la boca, aunque ya sea más consciente de los peligros que eso conlleva. Cuando lo vea a punto de meterse algo pequeño en la boca, diga «no» firme pero reposadamente, y quítele el objeto de las manos. Tendrá que repetir este proceso una y otra vez.

Delimite algunas zonas «prohibidas» en su hogar. Decida qué objetos no quiere que su bebé explore (por ejemplo, la porcelana, los enchufes eléctricos o los electrodomésticos) y dígale que no los toque. Naturalmente, se olvidará y los tocará igualmente. Es necesario que siga recordándoselo.

Sugerencias

Si su bebé deja caer un juguete, usted observará que lo busca activamente con los ojos, y si lo localiza con la vista, hará cuanto pueda para recuperarlo. Anímelo a buscar los objetos que no estén a mano de un modo inmediato pero sí dentro de su campo visual. Su pregunta «¿Dónde está la pelota?» le impulsará a actuar. Le encantan su atención e interés.

▼ *En los primeros meses de vida, todos los bebés utilizan la boca, además de las manos, para explorar los objetos.*

Aproveche las oportunidades cotidianas a medida que surjan de forma natural. Siempre que usted esté haciendo algo cuando su bebé esté cerca, hable con él. Le gusta observar cómo se mueve usted por la habitación, y aunque su atención se distraiga momentáneamente, se volverá enseguida hacia usted otra vez cuando empiece a hablarle de nuevo.

La hora del baño es una gran oportunidad para dejar que su bebé utilice las manos para chapotear en el agua. Al principio, quizá se asuste: si el agua le salpica la cara, parpadeará furiosamente y quizá incluso se eche a llorar, pero usted debe

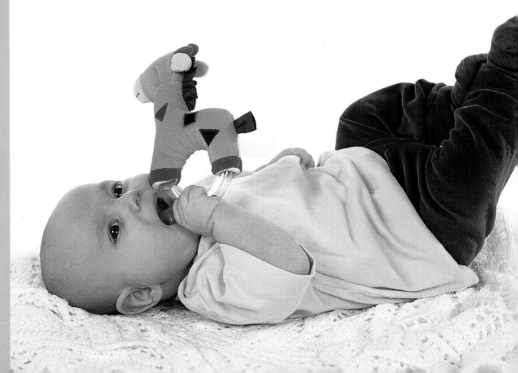

◀ Los libros de tela grandes son una forma ideal de presentar a su bebé la idea de pasar páginas.

Su madurez física general también le ayuda a desarrollar la coordinación oculomanual. Por ejemplo, hacia el sexto mes, su bebé podrá sentarse erguido en el suelo, apoyado en usted o en cojines estratégicamente situados. Así cambiará toda su perspectiva y la vida le resultará más interesante. Al niño de esta edad normalmente le encanta sentarse con las piernas abiertas mientras levanta juguetes y los deja caer de sus manos al suelo.

Si su bebé intenta agarrar el biberón o la cuchara mientras come, déjele (pero usted no los suelte). La comida es un gran incentivo para que él amplíe su capacidad de coordinación oculomanual. Es verdad, probablemente hará un estropicio en esta etapa, pero todo eso forma parte del desarrollo infantil. Usted quizá decida darle a veces comida en porciones reducidas como aperitivo, y eso también ayuda.

tranquilizarle, darle seguridad y calmarle. Las pompas de jabón tienen una textura adorable, pero asegúrese de que no se frota los ojos para que no le escuezan. Siempre que usted se relaje mientras lo baña, él disfrutará a fondo de esta hora especial del día.

✶✶✶✶✶✶✶ Consejos ✶✶✶✶✶✶✶

1. Muestre entusiasmo ante sus exploraciones. Él quiere complacer a sus padres en cada ocasión, por lo que es aconsejable sonreírle cuando le vea alargar la mano, tocar y explorar cosas para aumentar su gozo y entusiasmo por esta actividad.

2. No olvide la seguridad en ningún momento. Además de la evidente preocupación por si su bebé se hace daño, la realidad es que las lesiones o la incomodidad resultantes de tocar o tragarse algo reducirán su entusiasmo por explorar.

3. Muéstrele cómo cambiar cosas de una mano a la otra. Pasarse un juguete pequeño de la mano derecha a la izquierda (o viceversa) es una habilidad que ya puede adquirir, sobre todo si usted le demuestra cómo hacerlo.

4. Ríase cuando su bebé haga un ruido con el sonajero. Siéntese con él mientras aporrea el suelo o el canto de la cuna con el sonajero. Cuando vea que a usted no le molesta en absoluto el ruido, será feliz jugando así continuadamente.

5. Déjele mirar libros ilustrados. Cuando se acurruque contra usted mientras le habla de las ilustraciones de su libro, permítale aferrar las gruesas páginas de cartón si quiere mirarlas más de cerca.

▼ A los 6 meses, su bebé seguirá metiéndoselo casi todo en la boca; es un buen momento para introducir los alimentos sólidos en porciones pequeñas.

Preguntas **Y R**espuestas

P ¿Debo apartar los objetos decorativos del camino de mi hijo de 5 meses o eso sería sobreprotegerlo?

R Es mejor eliminar las posibles tentaciones. Le guste o no, quizá tenga usted que cambiar la decoración de su hogar a fin de adaptarse a la mayor capacidad de coordinación oculomanual de su hijo. Es mucho más fácil retirar un adorno frágil que preocuparse constantemente por si él le pone las manos encima.

P ¿Qué otras estrategias puedo seguir para que no corra peligro?

R Elógielo cuando cumpla las normas. No hay mayor incentivo para que su bebé siga las normas sobre lo que puede o no tocar que aprobar lo deseable. Sonreirá con deleite cuando usted le dé un abrazo por no acercarse al radiador encendido, y se sentirá muy gratificado cuando le felicite por alejarse del enchufe eléctrico.

🧸🚚 **Juguetes:** correpasillos, futón o colchoneta fina, libro de cuentos flexible, bloques de construcción blandos, juguetes de bañera, cojines, figuras geométricas de madera.

Estimulación de la coordinación oculomanual: de los 7 a los 9 meses

Ahora que la capacidad de su bebé de sentarse solo está bien asentada y ya puede intentar con cierto éxito desplazarse por el suelo gateando, nada le detendrá. Hará cualquier cosa por apoderarse de aquel juguete, aunque esté debajo de una silla o en lo alto de un estante. No teme al peligro, lo único que le importa es la seductora perspectiva de llegar al objeto de su deseo.

SE RINDE CON DEMASIADA FACILIDAD

Quizá usted no descubra que su bebé se rinde fácilmente hasta que un día acuda a usted con los ojos anegados de lágrimas, afligido por su incapacidad de apilar las anillas en el pilar central o de llevarse la comida a la boca como pretendía.

Si cree que su bebé se rinde con demasiada facilidad, anímelo amablemente a completar la tarea, pero sin forzarlo. E insista en dar buen ejemplo. Deje que vea que a usted le cuesta realizar una tarea similar pero no por eso deje de sonreír (por ejemplo, verter agua de una jarra a un vaso); eso le convencerá para que adopte una actitud similar.

Sugerencias

Ahora su bebé dispone de una amplia gama de actividades adecuadas para estimular la coordinación oculomanual. Por ejemplo, puede potenciar el movimiento de pinza. A medida que un bebé ejerza un mayor control sobre los movimientos de sus manos, podrá utilizar el pulgar y el índice a la vez como una pinza, en lugar de como unos alicates. Naturalmente, un objeto pequeño se le escapará fácilmente de entre los

▲ *Apilar aros es un excelente juego para ayudar a su bebé a mejorar su coordinación.*

dedos, pero esta habilidad mejorará con la práctica. Usted puede darle trocitos de comida o bloques de construcción pequeños (pero no le pierda de vista, por si intenta tragárselos). Él puede realizar este ejercicio estando sentado en su trona. Practique con él los movimientos de acción-reacción. Su bebé es ahora más consciente de la relación entre

▲ *Las canciones que se acompañan de palmas son una manera genial de enseñar esta habilidad a su bebé.*

los movimientos de sus manos y el mundo que le rodea. Por ejemplo, siéntele en el suelo y deje un pañuelo de papel limpio a su lado, de modo que una esquina quede a pocos centímetros de su mano. Después coloque un juguete pequeño en la esquina opuesta del pañuelo y pida a su bebé: «Tira del pañuelo hacia ti». Quizá necesite varios intentos antes de tirar del pañuelo para acercar el juguete.

Ahora ya puede usted divertirse jugando a los «instrumentos musicales» con su bebé. Busque un par de cacerolas y sartenes, y añada una o dos cucharas de madera. Después entregue este excelente conjunto orquestal a su bebé de 8 meses. Antes de que se dé cuenta, estará golpeando la cacerola con la cuchara y con la sartén y la cuchara con la tapa.

Su bebé disfrutará llenando y vaciando vasos. Sitúese frente a él y déjele ver cómo introduce un cubo de madera en un vaso de plástico, y luego vuelque el vaso para que el bloque caiga al suelo. Hágalo un par de veces y luego diga: «Haz esto». Entréguele la taza y el bloque e indíquele de todas las maneras posibles cómo meter el uno en el otro. A su bebé quizá le cueste un poco, al principio, por lo que debe seguir animándole hasta que realice la tarea correctamente.

▼ *Esta niña sujeta rodajas de plátano entre el pulgar y el índice con un movimiento de pinza.*

◆◆◆◆◆◆◆ Consejos ◆◆◆◆◆◆◆

1. **Evite las comparaciones**. Cada niño es diferente, y quizá descubra que el hijo de sus amigos está más avanzado que su bebé en cuanto a coordinación oculomanual, aun cuando ambos tienen la misma edad. Las comparaciones le desmotivarían.

2. **Recurra a señalar.** Cuando ambos estén sentados juntos, señale algo de la habitación y dígale: «Mira eso»; él seguirá la línea indicada por su dedo hasta el objeto. Después pídale que señale otro objeto concreto de la habitación.

3. **Juegue con un coche de cuerda**. Intente conseguir uno de esos coches de juguete que se mueven mediante un mecanismo de relojería o una pila. Lleve a su bebé a una habitación de la casa donde no haya alfombra y suelte el coche. Él lo observará correr por toda la estancia.

4. **Hágale cosquillas en las manos**. Las canciones y las rimas que implican hacer cosquillas en las manos le obligan de un modo festivo a mantener la mano en una posición y luego retirarla apresuradamente.

5. **Deje juguetes en su cuna**. Su bebé, casi con toda certeza, se despertará por la mañana antes de lo que a usted le gustaría. Por eso es bueno dejar un montón de juguetes a su alcance, para que juegue solo, sin necesidad de que usted le dedique su atención.

P Mi bebé tiene 8 meses y se enfada cuando no sabe montar un rompecabezas infantil. ¿Qué debo hacer?

R Reaccione con calma a su frustración. Cuando sencillamente no pueda realizar esa actividad de coordinación oculomanual, y en consecuencia estalle de furia, no se deje arrastrar usted también. Esfuércese por calmarle y luego sugiérale que lo vuelva a intentar. Si todavía no lo consigue, guarde el rompecabezas y sáquelo de nuevo más adelante.

P ¿Tiene algún sentido esperar que mi hija juegue en silencio? Realmente le gusta hacer mucho ruido.

R Naturalmente, usted no pretende desanimarla para que no juegue, pero ahora es un momento tan bueno como cualquier otro para enseñarle que existen otras personas a las que debe tener en cuenta. Cuando haga un ruido especialmente fuerte, háblele con calma y pídale que sea más suave. Ella reaccionará a su petición, al menos durante unos segundos.

Estimulación de la coordinación oculomanual: de los 10 a los 12 meses

A medida que se acerque el último cuarto de su primer año de vida, la confianza en sí mismo de su bebé habrá aumentado enormemente. Los progresos en todas las áreas de su desarrollo, incluyendo la coordinación oculomanual, le harán actuar con más independencia y decisión. Ahora le gustará divertirse a su manera y no se alegrará demasiado cuando usted le diga lo que puede hacer y lo que no. Por otra parte, seguirá anhelando el amor y la aprobación de sus padres y no le gustará que se enfaden con él.

CUANDO SE MUESTRA PASIVO

Los niños difieren en la medida de su deseo de explorar, unos son más dinámicos que otros. Si el suyo es uno de los que no buscan activamente los juguetes y no es muy aficionado a explorar, prepárese para acercarle juguetes, colocárselos suavemente en las manos y jugar con él. Así aumentará su motivación. Necesita que usted le empuje con suavidad a probar nuevas actividades.

Además, compruebe que tiene juguetes adecuados para su etapa de desarrollo. Si sólo cuenta con juguetes diseñados para niños mucho mayores o menores, es poco probable que muestre un gran interés por ellos.

◀ En cuanto su bebé sea capaz de colocar la tapa de una caja en su sitio, esta nueva habilidad le mantendrá ocupado y le proporcionará una enorme satisfacción.

▼ Permitir que un bebé coma solo favorece su coordinación y hace que se interese más por la comida.

Sugerencias

Ahora le resultarán fascinantes las cajas con tapa. No tienen que ser bonitas ni caras para despertar su curiosidad. Lo único que usted necesita es una cajita de cartón con una tapa que encaje razonablemente bien, colocar un objeto pequeño dentro y taparla. Acerque la caja a su bebé y agítela para que el objeto haga ruido en su interior. Al cabo de un par de segundos, tiéndale la caja sin pronunciar palabra. Inmediatamente, su bebé intentará abrir la tapa para descubrir lo que hay dentro. Una vez conseguido, se conformará con pasar varios minutos intentando volver a tapar la caja.

Su mayor coordinación oculomanual le permitirá ahora intentar tareas más complejas, como ordenar formas de distintos tamaños. Disfrutará del reto de introducir unos cubos dentro de otros, o una serie de cajas cada vez más pequeñas que encajan perfectamente en las otras cuando se colocan en un orden concreto. Para su bebé será una ardua tarea,

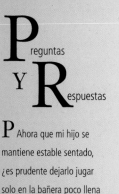

◀ *Antes de cumplir 1 año, su bebé quizás esté preparado para empezar a garabatear, bajo supervisión, con tiza o lápices de colores.*

pero se crecerá con las exigencias de este juguete y le complacerá enseñarle a usted que al menos dos o tres de las cajas ocupan el lugar que les corresponde.

Le encantará sentarse en la bañera al final del día a jugar con sus recipientes de agua de juguete. Suponiendo que se sienta confiado en la bañera (con usted a su lado), déle varias jarras o vasos de plástico y sugiérale que trasvase agua de un recipiente a otro. El resultado de este juego puede ser un gran estropicio, pero es genial para mejorar su control manual. Puede pasar el agua de la mano izquierda a la derecha o al revés. Anímele a que lo haga lentamente, tomándose su tiempo.

El mejor uso y comprensión del lenguaje por parte de su bebé le permitirá darle instrucciones directas que requieran una mayor coordinación oculomanual. Por ejemplo, dígale amablemente: «Dame el vaso»; debería poder volverse para localizarlo, recogerlo con la mano y entregárselo a usted. Le verá concentrarse intensamente durante esta actividad, ya que necesitará toda su atención para hacerlo bien.

▼ *A esta edad, su bebé probablemente tendrá ya la paciencia y la destreza necesarias para construir una pequeña torre de bloques o recipientes apilables.*

✦✦✦✦✦✦ Consejos ✦✦✦✦✦✦

1. Juegue a muchas cosas distintas con su bebé. Él disfruta con las rimas activas, que implican movimientos, como «Al paso, al trote y al galope» o juegos como «palmas palmitas». Estos juegos son muy divertidos y además ejercitan la coordinación oculomanual.

2. Involúcrele en su alimentación. Cuando usted tenga más tiempo que de costumbre, ofrézcale la cuchara a su bebé para que él la sujete. Se esforzará por llevársela a la boca, aunque gran parte de la comida acabe cayéndosele.

3. Ofrézcale texturas variadas. Si es usted capaz de afrontar la perspectiva de limpiar un estropicio, dé a su bebé cuencos que contengan sustancias distintas como flan, agua y harina, y cereales. Permítale introducir la mano en cada cuenco para palpar las distintas texturas.

4. Déle soluciones. Si ve que se atasca en un problema concreto de coordinación oculomanual (por ejemplo, introducir una figura geométrica en su lugar del clasificador de formas), sugiérale otros modos de intentarlo. Quédese a su lado mientras prueba sus sugerencias.

5. Siga prestándole su apoyo. A pesar de su independencia cada vez mayor, su bebé aún se divertirá más cuando usted participe en sus juegos. De todos modos, retírese un poco y déjele espacio suficiente para que explore por sí mismo, pero recuerde que todavía necesita a sus padres.

Preguntas Y **R**espuestas

P Ahora que mi hijo se mantiene estable sentado, ¿es prudente dejarlo jugar solo en la bañera poco llena mientras yo preparo la cena para su hermano mayor?

R No. Nunca es prudente dejar a un niño de esta edad solo en la bañera. Podría resbalar en una fracción de segundo y sumergirse en apenas unos centímetros de agua. Es mucho mejor que el hermano mayor espere hasta que terminen de bañar a su hermano menor que correr semejante riesgo.

P Por mucho que enseñe a mi hijo a introducir las figuras en el clasificador de formas, no lo consigue nunca. ¿Debería ser capaz de hacerlo?

R Los clasificadores de formas son increíblemente difíciles de manejar para unos dedos tan pequeños. Su hijo probablemente se las arregla bien con los cuadrados y los círculos, pero no con las figuras más complicadas. Déle tiempo para aprender las soluciones. A medida que aumente su control manual, a lo largo de los meses siguientes, logrará insertar más figuras en los agujeros correctos.

🧸🚚 **Juguetes:** recipientes que encajan, cubos apilables, clasificadores de formas, ceras no tóxicas de colores y papel, juguetes musicales de cuerda.

Estimulación de la coordinación oculomanual: de los 13 a los 15 meses

El impulso de ser independiente de los niños aumenta a partir del año de edad. Su mayor coordinación oculomanual les permite ejercer un control mucho más preciso sobre su entorno; ahora podrán manipular juguetes y otros objetos como quieran y jugar con una gama más amplia de juguetes más estimulantes. Quizá descubra que la frustración de su pequeño aumenta y que se enfada consigo mismo si, por ejemplo, los bloques de construcción no encajan como a él le gustaría.

SIGUE MORDISQUEANDO LOS JUGUETES

La mayoría de los niños de esta edad juega intencionadamente con sus juguetes en lugar de limitarse a introducirse cualquier cosa en la boca. No obstante, si el suyo persiste en este hábito, esfuércese por evitar los enfrentamientos a este respecto, ya que los niños a partir de 1 año pueden estar muy decididos a salirse con la suya.

Como se corre el riesgo de darle demasiada importancia al hábito, lo que podría hacerle persistir aún más tiempo, intente distraer a su hijo con otra actividad cuando vea que está a punto de mordisquear un juguete y, mientras esté distraído, quíteselo delicadamente de las manos. De todos modos, aunque usted no haga nada para evitarlo, pronto abandonará ese hábito.

◀ *En cuanto un niño haya cumplido 1 año, se abstraerá con los juguetes que se desmontan y pueden volver a montarse.*

Sugerencias

Su hijo se quedará especialmente fascinado con los puzzles que refuercen su mayor capacidad de aprendizaje y su coordinación oculomanual. Déle un puzzle de tablero de madera, del tipo que incluye una pieza circular, por ejemplo, y su hijo deberá encajar la pieza que falte en el espacio hueco del tablero. Él disfrutará probando estos rompecabezas, aunque usted debe recordar que para él son extremadamente difíciles. Las formas elementales, como círculos y cuadrados, son las mejores para empezar. Su hijo quizá pase mucho tiempo sentado en silencio, con una expresión muy atenta en el rostro mientras intenta completar el puzzle. Si usted ve que casi consigue encajar la pieza en su sitio pero no del todo, déle un empujoncito a la figura hasta que caiga dentro del agujero.

En esta etapa es importante no desmotivar al niño. Cómprele puzzles de tablero compuestos por sólo una o dos piezas. No es capaz de resolver rompecabezas más complejos, que quizá le resulten tan difíciles que los rechace por completo.

Es habitual que un niño de esta edad también se fascine con las torres de objetos, normalmente bloques de construcción. Hasta ahora, cualquier intento de poner una pieza encima de otra probablemente resultaba un completo fracaso: su inmadura coordinación oculomanual le había impedido equilibrar adecuadamente la parte superior. En esta etapa de su desarrollo, sin embargo, lo más probable es que sepa construir una torre de dos o incluso tres pisos sin que se desplome. Pero necesitará los ánimos de los adultos. Practique este juego con él con

▲ *Copiar las actividades de la vida real como hablar por teléfono es muy divertido y, naturalmente, el verdadero aparato es mucho mejor que uno de juguete.*

◀ *Anime a su hijo para que empiece a hacer las cosas por sí mismo. Disfrutará colaborando a vestirse y a desvestirse.*

✦✦✦✦✦✦ Consejos ✦✦✦✦✦✦✦

1. Déjele mucho tiempo para completar las tareas que requieran un buen control manual. Su hijo no puede, por ejemplo, ponerse la chaqueta muy deprisa. Por eso, si usted desea que logre este objetivo, evite los momentos en los que tenga prisa.

2. Cálmele si se frustra. Es casi seguro que intentará dominar tareas demasiado difíciles para su edad y necesitará que usted le calme, le transmita seguridad y le oriente hacia las actividades que estén dentro de sus posibilidades.

3. No fuerce su preferencia por una mano u otra. Ahora quizá empiece a mostrar preferencias por una de las dos manos. Deje que este aspecto del control manual se desarrolle con naturalidad. Por descontado, no debe forzar nunca a un niño zurdo a que utilice la mano derecha.

4. Juegue a tirarle la pelota por el suelo. Apártese de su hijo 3 o 4 metros y haga rodar suavemente una pelota blanda por el suelo, en dirección a él. A su hijo le encantará este juego, ya se trate de alejar la pelota de un manotazo cada vez que se acerque o de intentar detenerla y agarrarla.

5. Regálele un teléfono de juguete. Ya ha visto bastantes veces como usted descuelga el auricular del teléfono y se lo acerca a la oreja, ahora quiere hacerlo él con su propio aparato. Un pequeño teléfono de juguete de plástico o madera ofrece montones de momentos de diversión para un niño.

regularidad y deje que mire la torre que usted construye a modo de ejemplo.

A muchos niños de su edad les gusta participar en las tareas de vestirse y desnudarse. Por ejemplo, cuando usted se acerque con el suéter, es posible que él alce los brazos, anticipándose a la acción. Esto es fantástico porque demuestra que su comprensión, su vista y su tacto han progresado hasta el punto de que ya puede predecir las acciones y tratar de ayudarle en la labor. Y un día descubrirá usted que se ha quitado los calcetines y los ha arrojado a la otra punta de la habitación.

▶ *Los clasificadores de formas son geniales para este grupo de edad, aunque las figuras más complejas pueden suponer todo un desafío.*

P Mi hija tiene miedo a jugar con juguetes nuevos. ¿Qué puedo hacer?

R Tener paciencia con ella. Si usted sabe que prefiere los juguetes habituales a los desconocidos, deje alguno nuevo al lado de los viejos sin decir nada. Deje que ella lo descubra a su debido tiempo. Al cabo de unos días, siéntese con ella y déle el nuevo juguete sin decirle nada. Su interés acabará animando a su hija a jugar también con él.

P ¿Qué es mejor darle a mi hija para jugar, una pelota grande o una pequeña?

R Ya es capaz de sujetar una pelota pequeña con las manos, pero quizá tenga dificultades para lanzarla. No obstante, una pelota grande le tapará la visibilidad cuando la levante para arrojarla. La mejor solución es decidirse por una pelota de un tamaño intermedio, que pueda sujetar con firmeza con ambas manos sin que le impida ver perfectamente por encima de ella.

Aptitudes

lingüísticas

Desarrollo de las aptitudes lingüísticas

El modo de utilizar el lenguaje por parte de su bebé cambiará tanto durante los primeros 15 meses que es difícil que usted repare en todos los cambios que se produzcan. Un recién nacido, cuyo único medio de comunicación con usted es no verbal porque es incapaz de emitir sonidos claros, al cabo de unos meses se habrá transformado en un hablante activo que ya ha pronunciado su primera palabra inequívoca.

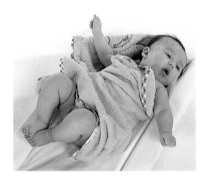

Lo que resulta aún más asombroso es que su bebé desarrollará el lenguaje de un modo sistemático. Si alguna vez ha intentado aprender otro idioma, sabrá qué es enfrentarse a miles de sonidos y millones de palabras nuevas. Bueno, así es como se siente su bebé; de hecho, el reto para él es aún más difícil porque no puede recurrir a ninguna experiencia anterior de aprendizaje de idiomas. En su entorno existen innumerables sonidos nuevos, y aun así conseguirá de algún modo desarrollar sus aptitudes lingüísticas sin ninguna ayuda especial.

Ésta es una de las principales razones por las que la mayoría de los psicólogos afirman que un bebé tiene una capacidad innata de aprender un idioma, que viene al mundo preprogramado para identificar ciertas combinaciones de sonidos entre todo el despliegue de ruidos ambientales que oye. Quizá no exista otra explicación satisfactoria de cómo aprende espontáneamente a hablar

◀ El primer paso identificable de un bebé hacia el habla es un sonido de arrullo.

en medio del ruidoso caos de formas de hablar que le rodean.

Tenga presente, no obstante, que hay otros factores que también desempeñan un papel importante en el desarrollo del lenguaje de su bebé. Por ejemplo, el idioma concreto que oye tiene un efecto directo; a saber, aprende español (y no inglés) si sus padres hablan en español, mientras que si uno de sus progenitores le habla en español y el otro en inglés, lo más probable es que acabe hablando ambos y siendo bilingüe. Muchos estudios psicológicos han revelado que el ritmo y la riqueza del desarrollo del lenguaje se corresponden con la cantidad de estimulación lingüística que recibe de sus padres y otros miembros de la familia.

Siguiendo un patrón

Otra característica sorprendente del desarrollo del lenguaje es que prácticamente todos los bebés adquieren sus aptitudes lingüísticas del mismo modo, utilizando los mismos «bloques de construcción» en el mismo orden, y normalmente alrededor de la misma edad. Esto respalda aún más la idea de que el lenguaje es una facultad innata.

Aparte de las nuevas aptitudes específicas que desarrolle su bebé cada mes en esta primera etapa de su vida, también se ven sus progresos a través de las fases lingüísticas, que incluyen:

• **No verbal.** Durante las primeras 6 semanas, aproximadamente, su bebé no podrá emitir ningún sonido identificable. Su único medio de comunicación será el llanto y otras manifestaciones del lenguaje corporal como los movimientos de brazos y piernas, las expresiones faciales y el contacto visual.

• **Arrullo.** Es un sonido vocálico repetitivo sin sentido que su bebé emitirá, normalmente cuando esté cómodo y satisfecho. Empezará hacia los 2 meses y desaparecerá un par de meses después, pero no sigue ninguna pauta.

▼ En cuanto su bebé empiece a balbucear, surgirán sonidos consonánticos más fuertes.

• **Balbuceo aleatorio.** Hacia los 5 meses, su bebé podrá producir una gama más amplia de sonidos, sobre todo porque su voz y su respiración habrán madurado. El balbuceo aleatorio es el conjunto distintivo de sonidos que su bebé hará cuando reciba sus atenciones.

• **Balbuceo controlado.** Durante los meses siguientes, balbuceará de un modo más controlado, casi como si participara en la conversación que mantiene usted. Quizá tienda a utilizar regularmente la misma cadena de sonidos (como «nanana»).

• **Parloteo inicial.** Hacia el final del primer año, su bebé articulará sonidos como si estuviera hablando –mirará hacia usted, adoptará una expresión facial seria y cambiará el tono de voz–, pero todavía no empleará ninguna palabra identificable.

• **Primera palabra.** Hacia el duodécimo mes de vida de su bebé, el corazón de sus padres dará un vuelco de alegría al oírle pronunciar la primera palabra clara. Su vocabulario probablemente aumentará en unas 10 palabras, más o menos, en los próximos meses, hasta que hacia los 18 meses domine unas 50 palabras.

No existe ninguna relación establecida entre el habla y la inteligencia. Sin embargo, el desarrollo inicial del lenguaje de su bebé le dará ventaja en el futuro a la hora de comunicarse con otras personas y aprender de ellas.

Escuchar y hablar

Recuerde que su bebé utiliza el lenguaje de dos maneras. Primero, escucha los sonidos que oye y los interpreta a su manera. Esta aptitud lingüística analítica, conocida como lenguaje receptivo, le permite dar sentido a los sonidos que escucha. Segundo, su bebé tiene también aptitudes de expresión que le permiten emitir sonidos propios para poder comunicarse con usted. Cuando estimule la capacidad de comunicación de su bebé, concéntrese tanto en su lenguaje expresivo como en el receptivo.

Es casi seguro que el lenguaje receptivo de su bebé estará siempre muy por delante del expresivo. Dicho de otro modo, comprenderá muchas más palabras de las que sepa decir. Por ejemplo, descubrirá que sonríe cuando usted pronuncia su nombre aunque él no sepa decirlo. Esta diferencia probablemente se deba a que un bebé

▶ *Leyendo con su bebé desde muy pequeño le ayudará a aumentar su vocabulario.*

▲ *Estos dos niños se están comunicando claramente, a pesar de que aún no sepan hablar.*

suele oír hablar mucho antes de haber madurado lo suficiente como para hacerlo él mismo (cuando, por ejemplo, escucha a sus padres conversar con otras personas) y se le anima a responder al lenguaje aunque no sepa hablar (cuando, por ejemplo, usted le pregunta si está contento después de bañarle y cambiarle).

Aptitudes lingüísticas

Edad	Aptitud
1 semana	Presta atención a los sonidos lingüísticos aunque no pueda emitir ninguno por su cuenta y trata de mirar a la persona que le habla.
1 mes	Su bebé usa una gama más amplia de llantos para distintas situaciones, dependiendo de su estado de ánimo y su sensación de incomodidad.
2 meses	Por primera vez, su bebé empieza a utilizar un par de sonidos diferenciados, aunque no tienen significado alguno y simplemente reflejan las sensaciones relajadas de ese momento.
3 meses	Su capacidad de escuchar ha mejorado y está mucho más atento a los sonidos diferenciados que oye.
4 meses	Como parte de su repertorio más amplio de recursos de comunicación, ahora su bebé puede reírse claramente cuando algo le divierta.
5 meses	Sus cuerdas vocales, los músculos de la fonación y la respiración se han desarrollado hasta el punto en que puede emitir una gama más amplia de sonidos.
6 meses	Su parloteo ya no se genera aleatoriamente dependiendo de su estado de ánimo, sino que se vincula a sus padres u otras personas que le resultan familiares.
7 meses	Su mayor comprensión del significado del lenguaje le permite reaccionar mejor al sentido de lo que usted le dice.

Del nacimiento a los 7 meses

Qué hacer

Sostenga a su bebé en brazos y deje que se acomode ahí. Entonces háblele sobre todo lo que se le ocurra. Observe atentamente mientras él trata de moverse y girar el cuerpo, reaccionando a sus palabras en un intento de sintonizar con los sonidos que oye.

Escuche con atención cuando su bebé llore y poco a poco cobrará conciencia del tipo de llanto que indica que tiene hambre, muy distinto del que avisa de que se aburre. Cuando usted responda a su llanto, dígale lo que cree que significa.

Deje a su bebé en la cuna y déle un par de juguetes. Cuando esté ocupado con ellos, háblele suavemente. Probablemente descubra que al cabo de un rato empieza a emitir sonidos propios, como «gu-gu», una y otra vez.

Métale en la cuna y déjele jugar tranquilamente con sus juguetes. Salga de su campo visual. Mientras él juega con sus juguetes, haga un ruidito (como entrechocar dos cubos de madera o tocar una campanilla). Su bebé interrumpirá el juego para escuchar.

Siéntele en su regazo, de espaldas a usted, y ayúdele a sujetar las asas de un espejo irrompible para bebés. Levante el espejo de modo que él vea sólo su propio reflejo y luego muévalo hasta que aparezca usted también sonriéndole. Se pondrá muy contento.

Cuando usted oiga los sonidos que emita su bebé, sabrá que es capaz de emitir al menos tres o cuatro balbuceos distintos. No siguen un orden concreto, pero suelen constar de una combinación de vocal y consonante que se repite (como «nanana»).

Hable con su bebé normalmente, pero deténgase a propósito de vez en cuando, como lo haría cuando conversa con otro adulto. Él empezará a sincronizar su parloteo con su charla, casi como si se turnaran para hablar durante una conversación real.

Cuando realice una actividad rutinaria con su bebé, como bañarle o darle de comer, haga un comentario que requiera una respuesta (como «Mira eso»). Su acción siguiente confirmará que ha comprendido lo que usted le había dicho.

Aptitudes lingüísticas

Edad	Aptitud
8 meses	Su bebé disfruta jugando con usted a juegos lingüísticos, sobre todo los que requieren que imite los sonidos que articula usted.
9 meses	Su oído es mucho más preciso ahora y le permite explorar la habitación para localizar el origen exacto de un sonido que le llame la atención.
10 meses	Su balbuceo es ya mucho más elaborado, hasta el punto en que puede combinar varias sílabas distintas en un mismo sonido articulado.
11 meses	Es capaz de escuchar muy atentamente y luego seguir una instrucción que usted le dé, siempre que esté dentro de sus posibilidades.
1 año	Algunos niños ya han pronunciado su primera palabra mucho antes de cumplir 1 año, pero la mayoría adquieren esta habilidad alrededor de estas fechas.
13 meses	Aunque aún no sabe pronunciar su nombre, no le cuesta reconocerlo cuando otra persona lo dice dentro del alcance de su oído.
14 meses	Su bebé utiliza un vocabulario cada vez más amplio para participar activamente en juegos que impliquen el uso del lenguaje, como las canciones.
15 meses	Puede pronunciar una gama más amplia de palabras sueltas (quizá 5 o 6) y comprende muchas más.

De los 8 a los 15 meses

Qué hacer

Siente a su bebé en el suelo y siéntese frente a él. Sujétele las manos y muévalas rítmicamente adelante y atrás. Al mismo tiempo, balbucee un sonido repetitivo (como «bababa»). Su bebé le observará y luego le imitará.

Deje a su bebé sentado en el suelo o en su trona y déle algunos juguetes. Cuando esté totalmente enfrascado en el juego, acérquele un reloj que haga tic-tac, sin dejar que él le vea. Inmediatamente se volverá para mirar el reloj.

Charle con su bebé siempre que pueda y escuche atentamente la gama de sonidos que emite. Observará que ya combina sílabas para formar cadenas, como «a-le» o «mu-ga». Estas combinaciones de sonidos no siguen una pauta establecida.

Siéntele en una silla segura y cómoda y diríjase a la puerta, como si fuera a salir de la habitación. Vuélvase, despídase con la mano y diga «Adiós». Después pídale que lo haga él: sabe lo que usted quiere y empezará a agitar la mano.

Señale a una persona conocida (usted o su pareja) o al animal doméstico de la familia y pregunte a su hijo de 1 año: «¿Quién es?» Lo más probable es que diga algo que se parezca mucho a la palabra que usted habría utilizado: será su primera palabra.

Mientras su bebé está con usted, hable con otro adulto. En cuanto esté seguro de que él ha empezado a entretenerse jugando con algo, mencione su nombre durante la conversación. Aunque lo diga en voz baja, él se volverá para mirarle.

Cante la canción favorita de su bebé, pero sáltese la última palabra: él hará un valiente esfuerzo por decirla. Sin embargo, asegúrese de dejarle mucho tiempo para decirla antes de iniciar la siguiente estrofa.

Aumente la cantidad de palabras distintas; probablemente son más de las que usted imagina. Y déle una gama más amplia de instrucciones básicas, que él debería poder realizar sin más ayuda, como «Cómete la galleta» o «Deja el juguete».

Estimulación de las aptitudes lingüísticas: del nacimiento a los 3 meses

Su bebé no sabrá hablar cuando nazca. Ni siquiera podrá emitir un sonido vocálico o consonántico diferenciado. Pero sí podrá comunicarse utilizando el llanto, las expresiones faciales y los movimientos corporales; mediante este sistema no verbal, será capaz de comunicarle sus necesidades básicas. Aun así, la estimulación que reciba durante esta etapa preverbal de su vida iniciará el largo y emocionante proceso de desarrollo individual del lenguaje.

LENGUAJE HIPOCORÍSTICO

Quizá se descubra hablando instintivamente con su bebé utilizando frases cortas y diminutivos o palabras de la jerga infantil, con grandes intervalos entre las frases y en un tono de voz exagerado, que no utilizaría para hablar con otro adulto. Esta forma de hablar se conoce como lenguaje hipocorístico y los psicólogos han descubierto que hablar así a los bebés, con moderación, es útil para estimular sus aptitudes lingüísticas.

Sin embargo, es importante no caer en la trampa de hablar siempre a su bebé con este tono infantil, ya que no es un buen modelo en el que basar sus propias aptitudes lingüísticas. Después de todo, si sólo oyera un lenguaje hipocorístico simplificado, no tendría un incentivo para desarrollar una comprensión madura de la gramática y el vocabulario.

Sugerencias

La mejor manera de estimular las aptitudes lingüísticas de su bebé es hablarle a cada oportunidad, aunque no comprenda el significado exacto de todo lo que usted le diga.

▶ *Con sólo 1 mes de edad, la atención de este bebé está fija en el rostro de su madre mientras ella le habla.*

Charlando con él mientras le dé de comer, le cambie, juegue con él o conduzca el automóvil en su compañía le proporcionará una gran variedad de sonidos lingüísticos para que los escuche y (con el tiempo) los desarrolle por sí mismo. Exprese su alegría cuando hable con su bebé durante estos primeros 3 meses. Establezca contacto visual siempre que sea posible, para que él vea la amplia sonrisa que acompaña a sus animadas palabras, así como la expresión tranquila de su rostro cuando le arrulle para que se duerma. Él observará sus gestos y su lenguaje corporal con mucha atención y establecerá una relación entre las palabras que usted emplee, su estado de ánimo y su aspecto externo. Así sentará las bases de su propio desarrollo individual del lenguaje. No se preocupe porque su bebé no tenga aún la posibilidad de comprender el contenido de su conversación con él, en especial cuando hable de temas que no están directamente relacionados con su mundo inmediato. No crea que hace el ridículo por hablar con su bebé de apenas unos meses de edad. Lo cierto es que cada vez que él le vea y oiga empleando palabras, se estará empapando en todos esos ejemplos de lenguaje intencionado

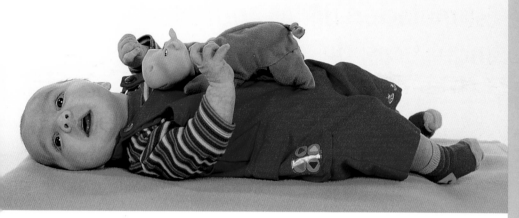

▲ *Con apenas 2 meses, este bebé reacciona al sonido y empieza a vocalizar.*

y preparando para el momento en que, tarde o temprano, participe en las conversaciones y se exprese utilizando el mundo de la palabra.

Las canciones también son importantes por que manifiestan un mayor uso del lenguaje. Le demuestran que las palabras pueden ir acompañadas de una melodía a fin de crear un ambiente que puede ser distendido, alegre o sereno. Aunque usted cante fatal, hágalo suavemente para su bebé. Para él, su voz es el sonido más maravilloso del mundo. Su familiaridad y su asociación con el amor y el cuidado que usted le dispensa son los factores que tanto importan a su bebé. Cántele canciones de cuna de vez en cuando para ayudarle a dormir, y rimas infantiles para atraer su atención.

▼ *Cantándole a su bebé mientras lo mece o le hace dar piruetas también estimula su respuesta al lenguaje.*

◆◆◆◆◆◆◆ Consejos ◆◆◆◆◆◆◆

1. Interprétele sus llantos. Si usted descubre que lloraba porque, por ejemplo, necesitaba un pañal limpio, podría decirle: «Llorabas porque tenías el pañal sucio, pero ahora estás contento porque te lo he cambiado».

2. De vez en cuando, acérqueselo cuando le hable. Naturalmente, debería hablarle en cualquier ocasión, pero intente asegurarse de que haya muchas oportunidades de estar lo bastante cerca para que se concentre en sus ojos, rostro y boca.

3. Reaccione mucho a las vocalizaciones de su bebé. En cuanto empiece a emitir arrullos (probablemente hacia la octava semana), sonríale y respóndale como si mantuvieran una conversación. Así le estimulará a continuar.

4. Utilice el juego para animarlo a hablar. Es probable que su bebé emita sonidos para expresar sus sensaciones cuando juegue activamente. Su estado de ánimo relajado y feliz le hará desear vocalizar.

5. Practique juegos de escuchar con su bebé. Cuando esté en la cuna, por ejemplo, llame su atención susurrándole o pronunciando su nombre. La buena disposición a escuchar es una parte crucial de la comunicación.

Preguntas **y** **R**espuestas

P ¿Cómo puedo conocer los distintos significados del llanto de mi hijo recién nacido?

R Concédase tiempo para conocer a su bebé. Con la experiencia de cuidar de él, pronto será capaz de relacionar un llanto determinado con un significado determinado; por ejemplo, el llanto que va aumentando cuando necesita comer es distinto del llanto más apremiante y desgarrador cuando está físicamente incómodo.

P ¿Es bueno dejar que mi bebé de 2 meses oiga la televisión?

R Los sonidos del televisor pueden desempeñar un papel en el desarrollo del lenguaje y el habla de su hijo. Sin embargo, su efecto beneficioso es limitado porque el lenguaje que oye no está acompañado de otros aspectos no verbales de la comunicación. Por lo tanto, escuchar el sonido de la televisión en períodos largos a esta edad contribuirán poco al desarrollo del lenguaje de su bebé.

Juguetes: caja de música, sonajeros, juguetes que hacen ruido cuando se activan o se agitan, libros ilustrados para bebés.

Estimulación de las aptitudes lingüísticas: de los 4 a los 6 meses

Su bebé pasará de la etapa del arrullo al punto en que empiece a balbucear, y de pronto usted se dará cuenta de que está en el camino del lenguaje independiente. Su necesidad de emitir sonidos se hará evidente de pronto en muchos momentos del día, ya que balbuceará cuando esté con usted y cuando juegue a solas. A su bebé le encantará la mayor gama de sonidos que pueda emitir.

COMPRUEBE LO QUE OCURRE

Cuando crea que su bebé llora porque tiene hambre, por ejemplo, su reacción inmediata será darle de comer. Pero contribuirá a que desarrolle mucho más el lenguaje si le hace una pregunta entre interpretar su llanto y aliviar su incomodidad.

Por ejemplo, pregúntele: «¿Lloras porque tienes hambre?» o «¿Estás enfadado porque se te ha caído el juguete al suelo desde la cuna?» Él no podrá responderle, pero se encuentra en un punto en que empieza a entender mejor la lengua que oye. Verificar la situación con su bebé estimulará su interés por el lenguaje hablado.

Sugerencias

Durante este período de 3 meses se convierte en un participante más activo en la conversación con los padres y da la impresión de que quiera intervenir en el debate (aunque aún emite sólo sonidos balbuceantes aleatorios). Por eso debería usted hacer pausas cuando hable con él, igual como lo haría al conversar con un adulto; se sorprenderá cuando él le responda a su manera durante esas breves pausas.

Lo mismo ocurre al hacerle la clase de preguntas que usted sabe que no puede responder coherentemente. Por ejemplo, puede preguntarle: «¿Estás mejor ahora que has comido?» o «¿Quieres que te lleve al parque?» Por supuesto, él no puede contestar, pero haga una breve pausa igualmente y mírelo como si esperara una respuesta. A veces balbuceará en ese momento; aunque sólo le mire en absoluto silencio, las palabras y acciones de los padres le ayudarán a desarrollar su comprensión del concepto de turnarse para conversar.

▶ *Incluso cuando esté enfadado, su bebé se calmará cuando usted le hable de un modo tranquilizador.*

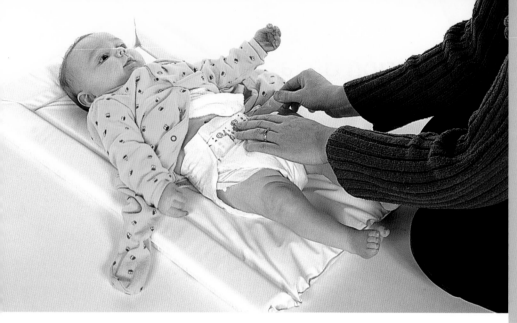

P ¿Es posible que mi bebé de 5 meses reconozca su nombre cuando lo digo?

R Es muy poco probable que reconozca realmente el sonido de su nombre. Posiblemente se vuelva hacia usted cuando lo pronuncie porque le atraiga el ruido. Intente decirle un nombre distinto la próxima vez; lo más probable es que se vuelva y mire hacia usted también esta vez.

P ¿Puede mi bebé de 6 meses distinguir mi voz de la de otras personas?

P Es casi seguro que puede distinguir su voz de todas las demás que oye. Su bebé ha pasado tanto tiempo y ha desarrollado un apego emocional tan fuerte con usted que su voz tiene un significado especial para él... y por eso su rostro se ilumina con una gran sonrisa.

 **Juguetes:** libros de cuentos de plástico, grabaciones con canciones y cuentos infantiles, juguetes que hacen ruido, alfombrilla con dibujos de animales o geométricos.

▲ *Hable con su bebé mientras realiza las actividades cotidianas; una conversación animada puede ser una buena distracción si su bebé se está cansando.*

✦✦✦✦✦✦✦ Consejos ✦✦✦✦✦✦✦

1. Póngale música con distintos ritmos.
Su bebé empieza a reaccionar al calor de la música que oye. La música rápida le hace reír, mientras que la suave le relaja y quizá contribuya a que deje de llorar.

2. Siéntelo de cara a usted cuando le hable.
Sosténgalo firmemente sobre sus rodillas y diga (o cante) una rima para él. Puede subir y bajar las rodillas lentamente al ritmo de las palabras. Él disfruta más ahora con esta actividad porque puede verle a usted claramente en todo momento.

3. Cuando le saque a pasear en el cochecito, háblele sobre lo que puede ver. Comente el color de la hierba o el tamaño del autobús que acaba de pasar. Si se fija en algo, haga algún comentario sobre eso.

4. Contéstele. Aunque su balbuceo carezca de sentido para usted, respóndale como si él intentara transmitirle ideas o sentimientos especiales. Algunas veces acertará de pleno.

5. Hágale de modelo cuando articule sonidos.
Para aumentar su gama de combinaciones de balbuceos, preséntele un nuevo sonido sosteniéndole de modo que pueda verle la cara y articúlelo una y otra vez. Quizá intente imitarlo.

También debería concentrarse en estimular su capacidad de escuchar. Mientras él juega en la cuna, haga ruido desde distintas partes de la habitación, primero a su izquierda y luego a su derecha, o directamente detrás de él. Cada vez que usted haga un ruido, espere a que él se vuelva para mirarle y dedíquele una amplia sonrisa y hágale mimos cuando lo consiga.

Las actividades auditivas como éstas agudizan su capacidad de escuchar y prestar atención, que son esenciales para el desarrollo posterior del lenguaje y el habla.

Leerle cuentos es otra actividad útil. El argumento del cuento que le lea entre los 4 y los 6 meses no es muy relevante (siempre que sea adecuado para su edad); lo más importante es que debe leerlo con sentimiento y expresividad, modular el tono de voz adecuadamente a lo largo de la narración y captar el interés del bebé. Cada pocos segundos, levante la vista del libro de cuentos y compruebe que él está mirando. Si se ha distraído, atraiga su atención delicadamente y luego siga con el cuento.

Estimulación de las aptitudes lingüísticas: de los 7 a los 9 meses

Si usted escucha atentamente los sonidos de su bebé, advertirá que parecen seguir una pauta. Quizá empiece utilizando la misma combinación de sonidos regularmente e incluso en la misma situación. Esto es un signo claro de que su balbuceo es controlado, no aleatorio, y que utiliza el lenguaje de una manera más intencionada que nunca.

OÍDO

La insuficiencia auditiva puede dificultar el desarrollo del lenguaje de un bebé porque significa que no oye bien los sonidos que él mismo emite, ni tampoco los que otros le dedican. A un niño que carece de esta estimulación auditiva temprana le resulta más difícil aprender a hablar que a otro con un oído normal.

Los signos de que un bebé puede tener dificultades de audición incluyen: lentitud en responder a la voz del adulto, falta de reacción cuando los padres no están situados dentro de su campo de visión y reacción de sorpresa cuando alguien aparece bruscamente ante él (porque no había oído los pasos que se acercaban).

Sugerencias

Además de hablarle a su bebé en voz normal la mayoría de las veces, empéñese en imitar sus articulaciones bisilábicas. Hágalo de una manera divertida, en forma de juego, durante varios minutos al día; él disfrutará mucho con esta actividad.

Cuando esté sentado en su trona después de almorzar (y por lo tanto esté de buen humor, dispuesto a jugar con usted), espere a que empiece a balbucear, entonces elija una de las combinaciones de sonidos que él acabe de emplear y repítasela («la») en el tono de voz habitual; sonría mientras lo hace y sitúe su rostro a unos 25-30 centímetros de él. Cuando usted utilice los mismos sonidos que él, su bebé se sentirá muy satisfecho de sí mismo.

Las opiniones están divididas respecto al uso de palabras infantiles (lenguaje hipocorístico) en lugar del vocabulario normal. Hay quien afirma que es mejor, por ejemplo, emplear el término «guau-guau» en lugar de «perro» porque es más afín al habla de un bebé de esta edad, y por lo tanto le llama la atención más rápidamente. Pero otros aseguran que el peligro de esta estrategia es que el bebé aprenda antes la palabra infantil y luego tenga que reaprender la correcta, cuando sus aptitudes lingüísticas hayan madurado más.

Por eso, para asegurarse, quizá sea mejor utilizar sólo la palabra adecuada desde el principio cuando hable con su bebé. No hay ninguna necesidad de utilizar palabras infantiles porque él posee la

▼ *Los juegos repetitivos como esconder objetos y el «cu-cú» obtienen una respuesta entusiasta.*

P Mi hijo tiene casi 9 meses y me consta que su lenguaje se desarrolla más despacio que el de su hermana cuando tenía la misma edad. ¿Es normal?

R Los resultados de los estudios sugieren que, en general, los niños desarrollan el lenguaje a un ritmo más lento que las niñas en todas las etapas del proceso. Sin embargo, se trata de una tendencia y no significa todos los varones se desarrollen más despacio. No obstante, sí sugiere que la adquisición del lenguaje más rápida por parte de su hija es perfectamente normal.

P Mi hijo tiene 7 meses. Cuando balbucea, utiliza sonidos que no existen en nuestro idioma. ¿Por qué?

R Los investigadores han descubierto que los bebés de varios países donde se hablan idiomas distintos tienden a utilizar la misma gama de sonidos balbuceantes (incluyendo sonidos articulados que nunca han oído). Con el tiempo, su bebé se concentrará en los sonidos que son relevantes en su idioma.

Juguetes: espejos irrompibles para bebés, pelotas blandas masticables, sonajeros acoplables a la trona, libros blandos, cuentos grabados.

▲ *Nombrándole los objetos repetidamente a su bebé mejorará su comprensión de las palabras y los significados, mucho antes de que aprenda a hablar.*

✦✦✦✦✦✦ Consejos ✦✦✦✦✦✦

1. Déjele hacer pompas de saliva. Durante el día, habrá momentos en que su bebé haga pompas de saliva, acompañadas de sonidos. Aunque a usted le resulte molesto, en realidad le ayudan a reforzar los músculos de la boca.

2. Recite rimas «ruidosas». Recite a su bebé una rima que contenga, por ejemplo, onomatopeyas, como «En la granja de Pepito». Se divertirá escuchándole e incluso puede que intente reproducir los sonidos.

3. Juegue a juegos como el «cu-cú». Esta divertida actividad, que implica la aparición repentina del adulto al apartar las manos que le ocultaban el rostro, aumenta la capacidad de concentración y atención del bebé cuando intenta anticipar la aparición.

4. Vea con él su película favorita. Siéntese a su lado mientras pasa unos minutos viendo la película. Pero asegúrese de hablar con él en lugar de limitarse a permanecer sentados en silencio. Comente los personajes y lo que ocurre en la película a medida que pasa.

5. Utilice tarjetas ilustradas. Compre o confeccione tarjetas que contengan la ilustración de un objeto. Muéstreselas a su bebé, una por una, y nombre cada imagen cuando la vea. No lo haga durante más de un par de minutos al día.

capacidad innata de identificar las palabras clave del habla de los adultos.

Acuérdese de nombrar los objetos domésticos cotidianos a medida que los utilice. Es fácil suponer que no tiene sentido decirlos porque en realidad un bebé no está preparado para asociar palabras concretas con objetos específicos. Pero los resultados de los estudios psicológicos indican que, de hecho, un niño de 9 meses puede comprender mucho más de lo que en general se le atribuye. Pruébelo usted. Pregúntele «¿Dónde está la cuchara?» y observe sus ojos: si ha entendido lo que le decía, empezará a buscar el objeto mencionado.

▼ *Los libros ilustrados son un medio de aprendizaje excelente, y su bebé pronto empezará a reconocer las imágenes familiares.*

Estimulación de las aptitudes lingüísticas: de los 10 a los 12 meses

Su bebé ha llegado ya a ese período de la vida en que probablemente consiga pronunciar su primera palabra. Se trata de un paso adelante importantísimo porque denota su capacidad de emplear el lenguaje hablado de un modo que le permita comunicarse con usted de manera inteligible y precisa. La primera palabra hablada de su bebé también señala el inicio de un rápido aumento de su vocabulario durante los siguientes 2 años.

EL CHUPETE

Tener el chupete en la boca puede proporcionar a su bebé una sensación relajada y satisfecha. Sin embargo, mientras lo chupa le impide utilizar los músculos de la boca, los labios y la lengua para articular sonidos, y en consecuencia no realiza ninguna contribución positiva para el desarrollo del lenguaje y el habla.

Si a su bebé le gusta tener el chupete en la boca, intente reducir el tiempo que pasa chupándolo durante el día. No es malo que lo utilice ocasionalmente cuando esté inquieto o cuando quiera dormirse. Pero tenga presente que el abuso del chupete no le dejará articular todos esos sonidos balbuceantes prelingüísticos tan fundamentales para su desarrollo.

Sugerencias

Ofrézcale buenos ejemplos de palabras para que las imite. Cuando advierta que él tiende a utilizar las mismas agrupaciones de sonidos para describir a la misma persona o el mismo objeto –aunque no articule nada parecido al término correcto–, anímelo diciendo la palabra a la que se refiere. Por ejemplo, si emite animadamente los sonidos «ba-ba» cada vez que ve a su abuela, dígale: «Sí, es verdad, es la abuela». Aunque su pronunciación y la palabra que usted le diga parezcan totalmente diferentes desde el punto de vista de un adulto, su bebé puede creer que son iguales. Por eso el habla de los adultos supone un buen modelo.

Pero no le presione para que diga su primera palabra o puede acabar desincentivando su desarrollo del lenguaje. A esta edad, los sonidos que emite su bebé deben ser espontáneos, no forzados, y debe hacerlos porque quiere comunicarse, no porque crea que usted se disgustará con él si no habla bien. Naturalmente, todos los padres de niños de esta edad buscan las agrupaciones de sonidos que pueden clasificarse como palabras. Pero hay una diferencia entre esperar una palabra con excitada anticipación y crear ansiedad en el bebé porque aún no haya cumplido las expectativas de sus padres.

Las canciones y las rimas infantiles deben desempeñar un papel cada vez más importante en su rutina diaria. A estas alturas, ya está totalmente

▶ *Hacia los 11 meses de vida, su bebé puede seguir instrucciones, como darle cosas a usted y recibirlas.*

familiarizado con las palabras y melodías e intenta «cantarlas» a dúo con usted, pero a su manera. Esta actividad no sólo refuerza su capacidad de escuchar, sino que también le enseña la naturaleza secuencial del lenguaje. En otras palabras, que el habla sigue una secuencia y no es una simple serie aleatoria de sonidos. Demuéstrele lo mucho que le complace que intente sumarse a la canción.

Escúchele atentamente. Necesita saber que usted se concentra en los sonidos que él emite, igual que usted espera que le escuchen.

▲ *Otro hito en la comprensión de su bebé se alcanza cuando empiece a disfrutar del argumento de un cuento más que de los libros ilustrados.*

Establezca un contacto visual pleno con su bebé cuando él hable, imite sus expresiones faciales, escúchelo sin interrupciones innecesarias y luego responda como si hubiera entendido a la perfección el mensaje que él intentaba transmitirle. Será el antecedente de una verdadera conversación verbal.

▼ *Los juguetes musicales ayudan a desarrollar las capacidades auditivas de su bebé y le animan a experimentar con diferentes sonidos.*

✦✦✦✦✦✦ Consejos ✦✦✦✦✦✦

1. Hable a su bebé todo el día. Su hijo se beneficiará de oírle utilizar el lenguaje resueltamente en las actividades diarias, tanto si se dirige a él como a otras personas. Esta sencilla estimulación le ayudará a ampliar su vocabulario.

2. Déle instrumentos musicales de juguete. Su bebé disfrutará provocando un estruendo con las baquetas de la batería e inventará su propio acompañamiento vocal. Crear sus propias canciones es positivo y divertido; además, nunca se cansará.

3. Espere de su bebé que responda a sus instrucciones básicas. Pídale a su hijo de un año que le dé la cuchara. Premie la respuesta positiva con una sonrisa o un abrazo. Si no le entiende, repita la petición y muéstrele como hacerlo.

4. Vean juntos una película de vídeo o la televisión. Cuando su bebé se arrime a usted, háblele de forma apacible del programa o de la película, quizá describiéndole los protagonistas. Su bebé se relajará y le escuchará con atención.

5. Léale un cuento a la hora de acostarle. Su hijo se sentirá mucho mejor si antes de dormirse usted se sienta a su lado y le lee un cuento. Se concentrará en cada palabra que le diga porque estará contento y no tendrá otras distracciones.

P reguntas Y R espuestas

P ¿Por qué la primera palabra de los niños es casi siempre «papá» o «mamá»?

R Eso suele ocurrir porque los padres pasan mucho tiempo con sus hijos y se convierten en los adultos más familiares de su mundo. Aun así, la primera palabra de un bebé puede ser el nombre del animal de compañía de la familia o el término que emplea para describir su muñeco de trapo favorito.

P ¿Hasta qué punto es consciente un niño de 1 año de los nombres de las personas?

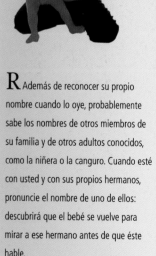

R Además de reconocer su propio nombre cuando lo oye, probablemente sabe los nombres de otros miembros de su familia y de otros adultos conocidos, como la niñera o la canguro. Cuando esté con usted y con sus propios hermanos, pronuncie el nombre de uno de ellos: descubrirá que el bebé se vuelve para mirar a ese hermano antes de que éste hable.

🧸🚂 **Juguetes:** juguetes musicales de cuerda, libros de cuentos ilustrados, animales de plástico, teléfonos de juguete, muñecos de trapo.

Estimulación de las aptitudes lingüísticas: de los 13 a los 15 meses

Si su hijo no empieza a hablar antes del final del primer año, es casi seguro que haya superado este hito cuando cumpla los 15 meses. Ya podrá decir varias palabras y comprender el significado de cientos de ellas, aunque haya una que probablemente siempre provoque una reacción negativa en él cuando usted le diga: «¡No!».

AÚN NO HA DICHO SU PRIMERA PALABRA

Cada niño se desarrolla a su propio ritmo, y aunque la mayoría ya haya dicho su primera palabra cuando cumpla los 15 meses, un significativo número de ellos no alcanzará esta etapa hasta varios meses más tarde.

Por eso no hay necesidad de preocuparse indebidamente por la ausencia de esa primera palabra, en especial si se observan otros signos de que el habla se está desarrollando de una manera normal. Por ejemplo, la presencia de balbuceos es un signo positivo de que su desarrollo del lenguaje avanza satisfactoriamente, al igual que su participación activa en canciones y rimas infantiles.

◀ *A esta edad, un niño disfruta con las rimas familiares y las canciones que impliquen acciones.*

o haciéndole cosquillas en la planta del pie cuando le explique: «Esto es tu pie». Hágalo cada noche, pero trate de que no sea tan rutinario como para que se aburra. Estos juegos sencillos le ayudarán a aprenderse los nombres de esas partes del cuerpo.

Sugerencias

Ahora es un buen momento para introducir juegos de fingimiento, utilizando muñecos de trapo. Dispóngalos en círculo y finja que habla con ellos. Al principio, los niños de entre 13 y 15 meses de edad quizá miren con asombro o se echen a reír. Pero pronto comprenderán que es muy divertido y participarán cuanto puedan. Hágalo con el suyo un par de veces y descubrirá que juega a este juego con sus muñecos de trapo también cuando está solo; le oirá charlar animadamente consigo mismo y con los juguetes.

Cuando le cambie o le bañe, empiece a nombrar las partes de su cuerpo. Conviértalo en una actividad divertida, quizá haciéndole cosquillas en la mano cuando le diga: «Esto es tu mano»

▶ *Utilice las rutinas cotidianas para nombrar los objetos comunes como los zapatos; los niños aprenden pronto estas palabras.*

Si puede, procure que sus hijos de entre 13 y 15 meses pasen algún tiempo en compañía de otros niños de aproximadamente la misma edad (aunque no importa si son varios meses mayores). No jugarán con ellos, pero se quedarán fascinados con cómo usan el lenguaje. La mayoría de los niños de esta edad quiere ser como los demás y hace todo lo que puede para imitarlos. Por eso la compañía de otros niños puede estimular indirectamente su desarrollo del lenguaje.

◀ *A los 15 meses, los niños ya pueden mantener una conversación con sus muñecos de peluche.*

Preguntas **y** **R**espuestas

APTITUDES LINGÜÍSTICAS

P Mi hijo de 5 años es muy protector con su hermanita de 5 meses y tiende a hablar por ella. ¿Debo desanimarlo?

R Sí. Explíquele amablemente a su hijo mayor que le complace que quiera ayudar a su hermana, pero que ella necesita aprender a hacerlo sola. Sugiérale que la mejor manera de ayudarla es dejarla hablar, aunque no le resulte fácil. Su hijo de 5 años lo entenderá.

P ¿Por qué la mayoría de los niños empiezan diciendo palabras aisladas mientras que otros dicen frases enteras desde el principio?

R Éste es otro ejemplo de la amplitud de variaciones que se producen como parte del desarrollo normal. Igual que la mayoría de los niños gatean antes de andar mientras que otros empiezan caminando directamente sin gatear, este salto de etapas puede producirse también con el lenguaje.

Juguetes: juguetes con partes que aparecen y desaparecen accionadas por resortes, instrumentos y juguetes musicales, trenes de plástico, grabaciones con voces de animales, muñecos de trapo.

✦✦✦✦✦✦✦ Consejos ✦✦✦✦✦✦✦

1. Empiece a nombrar los colores uno por uno. Su hijo está muy lejos de poder identificar y nombrar los colores básicos. Sin embargo, no le hará ningún daño iniciar el proceso desde ahora, y quizá le ayude a diferenciar unos colores de otros.

2. Muestre entusiasmo cada vez que su hijo pronuncie una palabra nueva. Preste mucha atención a las palabras que él usa para saber cuándo ha introducido una nueva en su vocabulario. Estará encantado con la aprobación de sus padres por su última adquisición.

3. Consiga que su hijo se involucre activamente con los objetos que usted le nombre. Hágalo en el momento adecuado porque es más eficaz. Por ejemplo, aprenderá la palabra «pelota» más deprisa cuando juegue con ella que cuando se limite a mirarla pasivamente.

4. Repítalo todo muchas veces. Prepárese para decir lo mismo una y otra vez. Naturalmente, usted pretende que su charla con su hijo no sea aburrida para él, pero repetir los nombres de los objetos facilita el proceso de aprendizaje del lenguaje.

5. Juegue con polichinelas de dedos. A los niños de 15 meses les encantan los polichinelas de dedos, sobre todo cuando usted los mueve y los hace hablar. Intentarán responderles. Esta actividad es muy divertida e imaginativa, y amplía su lenguaje.

Su hijo o hija de esta edad seguirá utilizando los gestos para comunicarse, aunque sus aptitudes lingüísticas sigan mejorando progresivamente. Usted puede contribuir a este avance del habla resistiendo la tentación de responder sólo a sus gestos. Por ejemplo, si señala su vaso de agua, pregúntele: «¿Quieres el vaso de agua?» o incluso mejor: «¿Qué quieres?» Repita la pregunta si sigue señalando. Tarde o temprano intentará comunicar su deseo mediante sonidos hablados en lugar de sólo con gestos.

◀ *Empiece a nombrar los colores para su hijo, aunque tardará mucho tiempo en captar este concepto.*

Aprendizaje

Desarrollo de las capacidades de aprendizaje

Su bebé aprende tanto en los primeros 15 meses de vida que sería imposible anotarlo todo aunque lo intentara. De ser un bebé que no sabe absolutamente nada del mundo en el que «aterriza», pasa a ser un estudiante activo que interpreta, piensa, toma decisiones y recuerda. La transformación es absolutamente asombrosa.

▲ *La curiosidad natural de un bebé le impulsa a buscar constantemente nuevas experiencias de aprendizaje para sí mismo.*

Su principal manera de desarrollar la capacidad innata de aprendizaje es a través del juego. No importa si juega con un sonajero, la manta de su cuna, sus pies o manos, el agua de la bañera o de hecho cualquier cosa, sin excepción; el hecho es que cuando interactúe con lo que le rodea jugando, aprenderá cosas

▼ *Muchos objetos cotidianos suponen una oportunidad para que los niños exploren.*

nuevas. Considérelo un científico dinámico que se muere de impaciencia por salir a explorarlo todo.

Para su bebé, cada experiencia nueva representa un emocionante descubrimiento. Para usted, por ejemplo, vaciar la colada de la lavadora en la cubeta de plástico es tan rutinario que probablemente no piense en ello, pero para su bebé es toda una aventura. Se empapa de todo lo que ve y al hacerlo mejora sus capacidades de aprendizaje, todos y cada uno de los días de su vida.

Una buena manera de definir la capacidad de aprender (llamada también «inteligencia», «pensamiento operativo» y «congnición») es la posibilidad de un bebé de aprender nuevas habilidades y conceptos, su capacidad de encontrar sentido a los sucesos que tienen lugar a su alrededor, sus aptitudes para utilizar la memoria con precisión y su capacidad de resolver problemas sencillos.

Estoy preparado

Cuando su bebé nace, ya cuenta con una amplia gama de capacidades de aprendizaje que le garantizan que está listo para explorar y descubrir, por ejemplo:

• **Discriminación visual.** A las pocas horas de nacer, un bebé distingue entre el rostro de su madre y el de un extraño. También distingue entre una imagen de un rostro real y una de un rostro cuyos elementos están mezclados.

• **Discriminación táctil.** Poco después del nacimiento, reacciona de modo diferente a las cerdas de cepillo de diámetros distintos; en otras palabras, sabe que un cabello fino tiene un tacto diferente del de un cabello grueso. Además de eso, reacciona a una racha de aire tan suave que un adulto es incapaz de notar.

• **Discriminación gustativa.** Un recién nacido también tiene un buen sentido del gusto y el olfato. Compone expresiones faciales distintas cuando prueba alimentos dulces, ácidos o amargos. Estas expresiones faciales son las mismas que exhiben los adultos cuando experimentan dichos sabores.

• **Discriminación del alcance.** Los movimientos de las manos y los brazos de un recién nacido no son simplemente aleatorios. En cierto estudio, los bebés llevaban unas gafas especiales que les hacían ver objetos inexistentes. No sólo intentaban alargar la mano hacia

▲ *Los juguetes con muchos elementos distintos fascinan a los niños, aunque pierden su novedad con bastante rapidez.*

el objeto, sino que lloraban al descubrir que en realidad no estaba allí.

• **Discriminación auditiva.** Un bebé puede distinguir un llanto de otro. Por ejemplo, los estudios han descubierto que un recién nacido normalmente llora cuando oye llorar a otro bebé, mientras que tiende a dejar de llorar cuando oye una grabación de su propio llanto. También prefiere el sonido de una voz humana a cualquier otro sonido.

Son las pruebas como éstas las que confirman que su bebé está preparado para aprender ya desde el nacimiento. Estas (y otras) capacidades básicas sientan las bases de su aprendizaje futuro, y a partir de ese momento y a lo largo de sus primeros 15 meses de vida, la sed de nuevos conocimientos, comprensión e información no se saciará nunca.

Origen de las capacidades de aprendizaje

Nadie sabe a ciencia cierta de dónde viene la capacidad de aprender de un bebé, aunque existen dos importantes teorías contradictorias:

• **Es hereditaria.** Como un bebé tiene muchas características heredadas de sus padres (por ejemplo, el color de los ojos, la estatura), parece razonable pensar que su capacidad de aprender también es heredada, al menos en parte. Los estudios han demostrado, por ejemplo,

que los gemelos idénticos (univitelinos) tienen un grado de inteligencia más parecido que el de los gemelos que no son idénticos (bivitelinos). Sin embargo, es imposible cuantificar la contribución exacta de la herencia en la capacidad de aprendizaje de un bebé.

• **Es adquirida.** Existen innumerables pruebas –tanto procedentes de estudios científicos como del sentido común extraído de la vida cotidiana– de que un bebé aprende a través de la experiencia y que la calidad de sus capacidades de aprendizaje depende de la calidad de sus experiencias al respecto durante los primeros años de vida. Esta teoría sugiere que el grado de estimulación que recibe un bebé en esta etapa inicial de su vida tendrá una enorme influencia en su capacidad de aprendizaje; ofreciéndole una amplia gama de oportunidades para jugar se aumenta dicha capacidad.

La verdadera explicación probablemente se encuentre en algún punto intermedio de ambos extremos. Lo más probable es que la inteligencia de un bebé o sus capacidades de aprendizaje sean el resultado de la interacción entre la capacidad innata de aprender con que viene al mundo y las experiencias que tiene a medida que crece. Por eso es tan importante considerar a un bebé

como un estudiante activo, como una persona dispuesta a aprender, pero que necesita que los adultos le estimulen y pongan a prueba sus aptitudes existentes. La interacción entre usted y su bebé potenciará sus capacidades de aprendizaje.

Recuerde que su bebé aprenderá mejor en un ambiente relajado. Si sus esfuerzos por aprender y descubrir reciben una respuesta indiferente o excesivamente ansiosa por parte de sus padres, pronto disminuirá su motivación para el aprendizaje. Jugar y aprender tienen que ser actividades divertidas para todas las personas que participan.

▶ *Hacia los 15 meses de vida, un niño es capaz de adivinar rápidamente cómo funciona un juguete sencillo, aunque nunca lo haya visto antes.*

Aprendizaje

Edad	Capacidad
1 semana	A partir de la amplia gama de sonidos y visiones que componen su entorno inmediato, a veces es capaz de concentrar su atención.
1 mes	A su bebé le encanta mirar todo lo que entra en su campo de visión, especialmente lo que tiene más cerca de la cara.
2 meses	Puede controlar su vista con más precisión y escruta con interés un objeto que se mueva siguiendo un recorrido fijo ante él.
3 meses	La capacidad de aprender de su bebé ha aumentado hasta el punto en que es capaz de identificar una relación entre sus acciones y una reacción concreta.
4 meses	Su memoria aumenta hasta el punto en que recuerda cómo jugar con un juguete concreto de una manera en particular.
5 meses	Su mayor confianza en su propia capacidad de explorar y aprender le convierte en un estudiante activo siempre que tenga ocasión.
6 meses	Empieza a reconocerse cuando ve su imagen en una fotografía o en un espejo. Le gusta que usted diga quién está representado en la imagen.
7 meses	Su memoria ha adelantado tanto que es capaz de recordar los rostros de adultos a los que no ve con demasiada frecuencia.

Del nacimiento a los 7 meses

Qué hacer

Sostenga a su recién nacido en las manos de modo que mire hacia usted con la cabeza aproximadamente a unos 18-23 centímetros de la suya. Sus ojos se clavarán en los suyos al principio, luego se desviarán. Cuando usted pronuncie su nombre en voz baja, él volverá a fijar la vista en su rostro.

Obsérvelo mientras yace tranquilo en su cuna. Verá que en algún momento juega con sus dedos. Quizá los mueva repetidamente, o se los meta en la boca, o simplemente abanique el aire con ellos. Sus manos y dedos le fascinan.

Ate un pequeño juguete de cuna al extremo de un cordel de unos 30 centímetros de longitud. Suspenda este juguete frente a su bebé hasta que le llame la atención y luego hágalo girar en el aire sobre él. Los ojos de su bebé no se despegarán del juguete y seguirán su trayectoria circular.

Cuando su bebé esté tumbado cómodamente en la cuna, háblele para que mire hacia usted. Después coloque un pañuelo de papel limpio sobre su rostro, pero no deje de hablarle para que sepa que usted sigue allí. Verá cómo se retuerce hasta que el pañuelo caiga hacia un lado.

Muéstrele a su bebé un juguete interactivo –con distintas partes móviles– y enséñele cómo accionar una de las partes. Déjelo jugar con eso un par de minutos y luego retire el juguete durante 2 o 3 días. Cuando vuelva a dárselo, su bebé recordará qué hacer.

Siente a su bebé en la trona con el cinturón puesto y la bandeja bien asegurada. Después coloque una amplia variedad de juguetes pequeños sobre la bandeja. Verá como los toca todos por turnos y juega con cada uno hasta que pierde el interés y pasa al siguiente.

Déle un espejo irrompible para niños –que no sea de vidrio– con asas blandas a los lados. Ayúdelo a sujetarlo y luego sitúelo en su campo de visión hasta que se vea reflejado. Lo mirará con atención y luego sonreirá abiertamente.

Observe el rostro de su bebé muy atentamente cuando llegue un adulto conocido al que no ha visto desde hacía al menos un par de días (por ejemplo, la canguro o un pariente). Verá como se anima en cuanto le reconozca.

Aprendizaje

Edad	Capacidad
8 meses	Comprende que un objeto sigue existiendo aunque esté oculto y trata de encontrarlo.
9 meses	Los materiales captan su interés; le encanta palpar sus texturas y explorar las posibilidades de darles nuevas formas y hacer ruidos con ellos.
10 meses	Su bebé comprende el concepto de imitación, puede observar una acción que usted realiza y tratar de copiarla.
11 meses	Su concentración ha madurado hasta el punto en que puede concentrarse en una actividad durante al menos 1 minuto, aproximadamente, sin dejar que su atención se desvíe.
1 año	Comprende instrucciones básicas, siempre que sean directas e impliquen sólo una acción que esté dentro de sus posibilidades.
13 meses	Ya no se contenta con dejarse alimentar pasivamente, quiere participar y quizá incluso encargarse de sus comidas.
14 meses	Puede completar una tarea sencilla pero larga, siempre que usted le anime a realizarla.
15 meses	Su bebé es capaz de combinar su coordinación oculomanual, su concentración, su memoria y su comprensión para realizar una tarea compleja.

De los 8 a los 15 meses

Qué hacer

Deje que su bebé de 8 meses vea como usted oculta un juguete pequeño bajo un vaso de plástico, justo delante de él. Pregúntele: «¿Dónde está el juguete?» En cuanto oiga la pregunta, él extenderá la mano para levantar el vaso y sonreirá cuando su búsqueda se vea coronada por el éxito.

Deje una hoja de papel sobre la bandeja de su trona, o a su lado en el suelo, cuando él esté sentado. Su bebé recogerá el papel y lo arrugará antes de tirarlo al suelo. ¡No deje documentos importantes a su alcance!

Siente a su bebé en el suelo y siéntese delante de él. Sonría y aplauda suavemente, una y otra vez, pero no tan fuerte que le haga parpadear. Él intentará imitar su aplauso, a pesar de no tener la coordinación necesaria.

Siente a su bebé en sus rodillas y déjelo que mire las páginas de su libro ilustrado favorito mientras usted las va pasando. Él contemplará las imágenes atentamente, sin perder el interés, y quizá señale alguna de vez en cuando.

Formule una petición elemental como «Dame el juguete». Él comprenderá el significado de su intención, explorará activamente su entorno en busca del juguete y luego se lo entregará a usted. También puede pedirle que se despida con la mano diciéndole «Di adiós».

Aunque el proceso siempre provocará cierto desorden a esta edad, permítale que utilice una cuchara cuando pretenda comer solo. Naturalmente, una parte se le derramará, pero estará decidido a acabar controlando la situación.

Déle un vaso de plástico grande y un montón de cuentas de madera pequeñas (pero vigile que no se las meta en la boca). Introduzca una cuenta en el vaso, luego otra y finalmente pídale que haga él lo mismo. Meterá al menos una docena antes de cansarse.

Siente a su hijo o hija en una sillita infantil cómoda junto a una mesa. Construya una torre pequeña con cubos de madera, delante de sus ojos. Después déle varios cubos y pídale que haga lo mismo. Dependiendo de su estado de ánimo, puede construir una torre de unos tres pisos de altura.

Estimulación del aprendizaje: del nacimiento a los 3 meses

Es verdad que su bebé pasará gran parte del día comiendo, durmiendo... o llorando. Pero no se deje engañar. En estos primeros 3 meses estará desesperado por aprender nuevas habilidades y acumular más información. Observará todo lo que vea, intentando comprenderlo; mejor aún, preferirá la experiencia práctica directa porque le resultará una manera más eficaz de aprender.

Es extraño pensar que su bebé sea un estudiante tan refinado que pueda distinguir entre colores, pero es cierto. Varios experimentos han demostrado que, cuando se presentan distintos colores a un recién nacido, mira más tiempo los objetos azules y verdes que los rojos. Las preferencias de color están presentes desde muy temprano.

Lo mismo ocurre con las formas. La cantidad de tiempo que pasa mirando distintas formas confirma que sabe distinguir entre un círculo, un triángulo, una cruz y un cuadrado. Los psicólogos no saben con seguridad lo que ve realmente, pero decididamente es capaz de diferenciar entre estas cuatro formas.

▲ *Incluso los recién nacidos se tranquilizan al oír una música familiar.*

Sugerencias

No dé nada por sentado. En su lugar, suponga que todo lo que su bebé ve y hace le ayuda realmente a desarrollar un poco más sus capacidades de aprendizaje. Jugando con él y hablándole mientras le limpia y le cambia, por ejemplo, despertará su curiosidad: él ve aparecer el pañal e intenta adivinar cómo ha llegado ahí, nota la sensación de la crema limpiadora y los polvos de talco sobre su piel y se maravilla de cómo le ponen la ropa. Hay mucho que aprender de las rutinas de la vida cotidiana.

Su vista ya está preparada para enfocar a unos 18 centímetros. Sosténgalo en alto a esa distancia de su rostro, recostándolo sobre un brazo, y luego agite lentamente un juguete en el espacio que queda entre su rostro y el suyo. Además de animarle a enfocar la vista en el juguete, al acercar el objeto a su rostro estimulará su curiosidad natural. Descubrirá que se retuerce en sus brazos para indicar interés, aunque no haya madurado lo bastante como para intentar agarrar el juguete.

Asegúrese de que tenga a mano una amplia gama de juguetes ruidosos de vivos colores cada vez que lo tumbe en la cuna o en el cochecito. Evidentemente, no deben ocupar todo el espacio (o quizá no podría enfocar la vista en un juguete en particular), pero a él le gustará tener cerca dos o tres juguetes distintos.

▼ *Aunque usted no sea consciente de ello, los bebés distinguen varios colores y formas desde que nacen.*

▶ *Uno de los primeros signos de que un bebé está aprendiendo es que sonríe como reacción al rostro y la voz de su madre.*

No es malo que uno de ellos sea un muñeco de peluche; aprende tanto de éste como de cualquier otro juguete. Los muñecos de peluche le enseñarán cosas sobre la textura, el tamaño y el movimiento.

Los móviles que se cuelgan encima de la cuna desempeñan un importante papel en la vida de un bebé de esta edad. Como gran parte de las exploraciones de un recién nacido son visuales más que táctiles (porque aún no es capaz de extender la mano para apoderarse de los juguetes que le llamen la atención),

le gustará mirar una interesante colección de juguetes que cuelguen por encima de su cabeza. Aprenderá mucho observándolos mientras giren en distintas direcciones y le muestren perspectivas diferentes cada vez. Elija un móvil de vivos colores, preferiblemente con muchos accesorios distintos, mejor que uno con diversas variaciones de un mismo tema. A medida que gire lentamente sobre la cuerda central, cada nueva imagen entusiasmará a su bebé.

▼ *Los juguetes ruidosos, de vivos colores y con texturas variadas son ideales para un bebé muy pequeño.*

P<small>reguntas</small> Y R<small>espuestas</small>

P ¿Debería mi bebé poder imitar mis actos?

R Hasta cierto punto, sí. Si usted se coloca a los pies de la cuna y completa una acción que sabe que él es capaz de imitar (como abrir y cerrar la boca o sacar la lengua), lo más probable es que repita dicha acción con más frecuencia justo después de haber visto cómo lo hace usted.

P ¿Debo hablar y sonreír cuando juego con mi bebé o así distraeré su atención?

R Su atención se verá atraída momentáneamente hacia usted, pero ese leve efecto negativo queda compensado de sobra por el placer que obtiene con la atención que recibe. Y si está feliz y satisfecho porque usted muestra interés por él, su estado de ánimo será más favorable para los descubrimientos y el aprendizaje.

✦✦✦✦✦✦✦ Consejos ✦✦✦✦✦✦✦

1. Dedique tiempo a jugar y hablar con su bebé siempre que pueda. Él aprende de usted cuando juegan juntos tanto como cuando juega solo. En esta etapa, depende de usted para que le inicie en algunas actividades lúdicas.

2. No se preocupe por estimularle en exceso. Evidentemente, usted pretenderá evitar que se excite tanto que empiece a llorar, pero eso no es muy probable. Su bebé querrá tanta estimulación y diversión como puedan proporcionarle.

3. Recuerde que es un estudiante activo incluso a esta edad. Haga lo que haga usted, interpretará sus acciones y reacciones a su manera. No se limitará a quedarse tumbado pasivamente, viendo la vida pasar sin ningún propósito.

4. Déjelo jugar con los mismos juguetes también al día siguiente. La variedad es importante, pero su bebé aprende cosas nuevas cada vez que juega con el mismo juguete, cuando lo sostiene y lo mira de un modo distinto.

5. Confíe en usted. Como su bebé aprende mucho a esta edad de la interacción cotidiana con usted, confíe en que le está proporcionando un grado de estimulación satisfactorio.

Estimulación del aprendizaje: de los 4 a los 6 meses

Uno de los cambios más notorios en la capacidad de aprendizaje de un bebé de entre 3 y 6 meses de edad es que se atreverá más a todo y tendrá un interés más vivo en los objetos que no estén directamente a su lado. Es como si su perspectiva de la vida se ensanchara al comprender que realmente hay un mundo muy grande a su alrededor. Además, su mayor control de las manos y los brazos le permitirá intentar agarrar las cosas; eso inaugurará todo un nuevo conjunto de experiencias de aprendizaje.

APRENDIZAJE DE LA CONDUCTA

Su bebé aprenderá también a hacer asociaciones en relación con el comportamiento humano. No caiga en la tentación de subestimar su capacidad. Por ejemplo, a estas alturas ya habrá aprendido que gritar o llorar puede ser una manera eficaz de llamar la atención; la mayoría de los padres responden inmediatamente a un bebé que llora. Y hacen muy bien.

Sin embargo, a veces merece la pena esperar un par de segundos antes de responder. Así el bebé aprenderá también a enfrentarse solo a distintas situaciones. Naturalmente, si llora de hambre, tiene que comer. Pero si llora de aburrimiento, una breve demora antes de acudir a su lado le ayudará a aprender a buscar entretenimiento de una manera activa.

Sugerencias

Debido a que la capacidad de concentración es fundamental para aprender (porque ni el niño más inteligente aprenderá si no puede concentrarse el tiempo suficiente para asimilar la nueva información), usted puede empezar a ampliar el radio de atención de su bebé. En los primeros meses, él empleaba la atención pasivamente, de modo que sólo miraba un objeto cuando lo tenía justo delante. Sin embargo, cuando llegue a los 5 o 6 meses, su bebé tendrá un mayor control y podrá buscar objetos activamente.

▶ *Cuando su bebé esté feliz jugando boca abajo, un juguete situado justo fuera de su alcance le animará a estirarse para llegar a él.*

Practique con él esta actividad. Deje que vea cómo usted, por ejemplo, coloque su osito de peluche sobre una silla que se encuentre en otro punto de la habitación que él pueda ver. Juegue con él

▼ *Un centro de actividad acoplado a un lado del parque o la cuna de su bebé le proporcionará una valiosa estimulación, aunque usted no esté cerca.*

durante unos minutos y luego pregúntele: «¿Dónde está el osito?». Verá como busca activamente el objeto. Si no lo localiza, inténtelo de nuevo. Y si sigue sin encontrar el osito, repita todas las acciones, asegurándose de que él vea cómo usted deja el osito en la silla.

No pierda el tiempo buscando los llamados «juguetes educativos». En esta etapa, cualquier juguete es educativo porque su bebé aprende de todo aquello con lo que juega. Por eso la caja de cartón en la que viene envuelto un juguete caro puede tener más interés para su bebé que el propio juguete. Sus vivos colores, su superficie lisa y su tapa móvil de cartón le enseñan cosas acerca de la

▲ *En cuanto su bebé pueda sentarse erguido, le será mucho más fácil manipular los juguetes de diversas maneras.*

forma, la textura, el color y el movimiento. No acabe gastándose mucho dinero en juguetes que en realidad no aumentan la capacidad de aprendizaje de su bebé.

Anímele a explorar en cuanto ponga las manos encima de un juguete. Quizá sea uno de esos niños tímidos que prefieran un entorno tranquilo; en ese caso, haga girar el juguete uniformemente en las manos de su bebé para que empiece a ver el valor de adoptar un enfoque más activo de su aprendizaje. Quizá se alborote cuando usted le dé un juguete nuevo porque prefiera los que ya tiene; en ese caso, acérquele el juguete nuevo, juegue con su bebé hasta que se sienta cómodo con la novedad y luego asegúrese de que juega con ese juguete de vez en cuando junto con los otros más familiares. Amplíe sus horizontes de aprendizaje.

▼ *Si su bebé parece aburrirse con sus juguetes, improvise. Un papel o una caja de cartón le resultarán igualmente interesantes.*

✦✦✦✦✦✦ Consejos ✦✦✦✦✦✦

1. Déjele jugar sentado. Aunque todavía necesite apoyo para sentarse, jugará de un modo distinto con los juguetes en esa posición que estando tumbado. Esta postura corporal le permite utilizar las manos y los brazos de maneras diferentes.

2. Déle juguetes adecuados para su edad. Las orientaciones sobre la edad que ofrecen los fabricantes no sirven para todos los niños, pero en general son exactas. No tiene sentido darle a su bebé juguetes para niños mucho mayores: no sabrá qué hacer con ellos.

3. Ofrézcale juguetes interactivos. Su bebé tiene ahora una edad en que empieza a ver la relación entre su comportamiento y una reacción del juguete (siempre que dicha reacción sea un ruido razonablemente fuerte o una luz intensa).

4. Refuerce el juego con sonrisas y atenciones. Notará que su bebé mira hacia usted mientras juega, sobre todo cuando complete algo nuevo. En esa situación, hágale saber lo mucho que le complace ese logro.

5. Realice acciones obvias para iniciar una rutina. Con el fin de estimular su capacidad de predecir los acontecimientos, dé el primer paso de una rutina familiar de una manera muy obvia (por ejemplo, saque del armario la toalla de baño ruidosamente) y observe su reacción de anticipación.

P A mi hijo de 6 meses le encanta arrojar los juguetes fuera del parque. ¿Es buena idea atarlos a una cinta?

R Hay que tener mucho cuidado al utilizar esta estrategia porque existe un riesgo potencial de que su bebé se enrolle la cinta al cuello. Para evitarlo, la cinta debe medir menos de 15 centímetros de longitud. Es mejor que le devuelva los juguetes un par de veces y luego se los guarde en el bolsillo.

P Cuando mi bebé juegue, ¿debo apagar la radio para evitar que se distraiga?

R Sin duda, podría bajar el volumen, pero no es necesario apagar la radio. Su bebé necesita desarrollar la capacidad de filtrar las distracciones mientras aprende, por lo que de momento es un buen ejercicio práctico. Por otra parte, la música de fondo quizá le relaje y en consecuencia haga su aprendizaje más agradable.

🧸🚂 **Juguetes:** cubos de madera, gimnasio para bebés, centro de actividad para la cuna, recipientes que encajan, bloques ruidosos, juguetes flexibles, muñecos de bañera, cajas que hagan ruido.

Estimulación del aprendizaje: de los 7 a los 9 meses

La habilidad de gatear recién descubierta por su bebé le permitirá ampliar su esfera de exploración y aprendizaje hacia nuevos territorios. Por eso descubrirá de pronto que su bebé ha introducido la mano en el aparato de vídeo; no es que se porte mal deliberadamente, es que tiene ganas de averiguar qué ocurre en el interior de aquella misteriosa abertura que se traga la cinta de vídeo. Ahora puede dirigirse hacia allí para descubrirlo por sí mismo.

¡MIRA LO QUE HAGO!

Uno de los hitos de este período de la vida de su hijo es que cada vez se da más cuenta de que puede ejercer una influencia directa sobre un objeto que no tiene realmente en las manos. Aprende de una manera elemental la relación entre causas y efectos, y la pone en práctica.

Por ello no debe sorprenderse si su bebé de 9 meses tira de una esterilla para conseguir el juguete que reposa en la otra punta. Ha establecido mentalmente la compleja relación entre tirar de la estera y acercar el objeto deseado. Este nuevo concepto de aprendizaje le proporciona un mayor control sobre su entorno.

Sugerencias

A su bebé de 8 meses le suelen parecer más interesantes los objetos que no tiene cerca. El aspecto desconocido de un juguete lejano despierta su curiosidad y le hace desear aprender más sobre él; por eso le verá usted esforzarse por llegar a una figurita decorativa situada en un estante.

▼ *Es intrigante contemplar a un bebé que reacciona ante una imagen que todavía no ha reconocido como su propio reflejo.*

Por eso conviene jugar a «ven y te lo doy» para estimular su sed de conocimientos. Puede usted agitar una caja con un juguete dentro para hacerla sonar y luego dejarla a un par de metros de él. Su desesperación por descubrir qué hay en el interior le motivará para gatear hasta allí y abrir la caja.

Naturalmente, a su bebé le gustará sentarse en el suelo rodeado de juguetes, pero su necesidad innata de aprender hará que siempre esté dispuesto a buscar más lejos nuevos hallazgos.

▶ *Un bebé aprende acerca del sonido, la textura y la coordinación cuando hace algo tan simple como entrechocar dos anillas de plástico.*

Cuando usted intente detener las exploraciones de su bebé, él probablemente se enfadará. Está claro que usted debe imponer unos límites, pero también debe ser prudente para no impedirle desarrollar su capacidad de aprendizaje. Esto no siempre es fácil. A veces se puede encontrar un punto intermedio. Por ejemplo, puede dejarle sostener el reloj para que lo estudie de cerca, pero sin soltarlo usted; luego guárdelo en el lugar de siempre. Así queda satisfecha la curiosidad de su bebé

sin darle rienda suelta para explorar todo lo que quiera.

Recuerde también que su bebé sigue aprendiendo al jugar con los juguetes conocidos. Es posible que tenga una gran pelota blanda desde hace un par de meses y cada vez que la saca se limite a morderla o tirarla al suelo. Sin embargo, a los 8 o 9 meses quizá aprenda algo nuevo: por ejemplo, que la puede lanzar contra la pared y vuelve a él, que rebota si se deja caer desde cierta altura o que a menos que la superficie sea completamente horizontal la pelota no se queda quieta cuando la deja allí. En otras palabras, aprende cosas nuevas de los juguetes viejos. Por eso debe animarle a jugar con todos sus juguetes, no sólo con los que usted le ha comprado recientemente.

▼ *Deje que su bebé experimente con la comida de vez en cuando.*

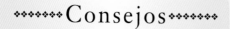

✦✦✦✦✦✦ Consejos ✦✦✦✦✦✦

1. No le limite demasiado. Naturalmente, hay que tener en cuenta la seguridad, pero debe permitir que su bebé explore libremente bajo supervisión. Si se dirige a un territorio prohibido, desvíele delicadamente hacia otro más seguro.

2. Juegue con espejos. Aunque en realidad no sepa realmente que la imagen que ve reflejada es la suya, su bebé se divertirá mucho mirándose en un espejo irrompible. Se entusiasmará cuando vea que usted también aparece en el reflejo.

3. Deje que se manche a veces cuando coma. La comida fascina a su bebé porque puede untarla y moldearla con toda clase de formas. De vez en cuando, déjele jugar con la comida si lo desea, en lugar de limitarse a comérsela.

4. Siga desafiando su memoria. Por ejemplo, si usted se esconde el osito de peluche detrás de la espalda y le pide a su bebé que lo encuentre, reforzará su recuerdo. Y si saca la mano sin el osito, el bebé probablemente gateará hasta su espalda para encontrarlo.

5. Siéntele en el asiento para bebés del carrito del supermercado. Ir a comprar sin un niño enfurruñado es más cómodo, pero su bebé aprende mucho recorriendo los pasillos con usted. ¡Vaya por el centro del pasillo para evitar que él agarre los artículos de los estantes!

P<small>REGUNTAS</small> **Y** **R**<small>ESPUESTAS</small>

P Cuando mi bebé juega con recipientes en la bañera, ¿aprende algo realmente?

R Sí, sin duda. Si le observa jugando con esos artículos, verá que mira atentamente mientras los llena de agua, los vacía y vuelve a llenarlos. Éste es el primer paso para aprender acerca del volumen y cómo los líquidos cambian de forma según el recipiente que los contenga. Es otro ejemplo de juego libre que potencia la capacidad de aprendizaje de su bebé.

P Mi bebé tiene 8 meses y no parece ver los objetos muy pequeños. ¿Es eso normal?

R Su visión madura constantemente, pero todavía no es tan elaborada o precisa como la de un adulto. Los estudios realizados sugieren que a esta edad probablemente distingue objetos del tamaño de un botón de camisa, pero algo mucho más pequeño es invisible para él. En los próximos meses, su capacidad visual se desarrollará aún más.

🧸🚂 **Juguetes:** juguetes con piezas pequeñas para colocar, juguetes acuáticos, anillas apilables, pelotas de distintos tamaños, recipientes vacíos.

Estimulación del aprendizaje: de los 10 a los 12 meses

¡Qué diferencia suponen varios meses para la capacidad de aprendizaje de su bebé! Ya puede desplazarse solo y buscar activamente desde hace un par de meses; a partir de ahora adoptará una actitud más concentrada respecto a su aprendizaje. Aunque la exploración sigue siendo crucial para su aprendizaje, pasará más tiempo que antes jugando con cada juguete, estudiándolo más de cerca.

Sugerencias

Su concentración y su atención se hacen más sistemáticas. Antes habría querido estar en todas partes a la vez, pasando de un juguete al siguiente, examinándolo brevemente, jugando con él apenas un rato y luego olvidándolo. La madurez de su bebé le permitirá contemplar los objetos sistemáticamente, en lugar de al azar. Usted podrá animarle mediante instrucciones.

▲ *A esta edad, su bebé probablemente reconoce los animales y objetos de su libro ilustrado.*

Siéntele en su regazo mientras le lee un libro ilustrado. En lugar de ir pasando las páginas una por una en rápida sucesión, señale los distintos objetos y dirija la atención de su bebé hacia ellos. Instrucciones como: «Mira la muñeca» y «Mira la vaca» guiarán a su bebé hacia el examen de la página entera, no sólo a mirar lo primero que vea. Y si él señala un objeto de la página, déle un gran abrazo y alábelo mucho. Aunque no elija las imágenes de un modo sistemático, espere varios segundos antes de volver la página.

Déle la oportunidad de practicar las habilidades de aprendizaje en situaciones nuevas; se encuentra en una etapa en la que es capaz de adaptar viejas estrategias a nuevos problemas.

◀ *Este bebé de 11 meses está derribando los cubos deliberadamente después de haberlos apilado.*

▲ *Es probable que su bebé empiece a jugar imitando lo que usted hace a menudo.*

Por ejemplo, suponga que a él le gusta jugar con cajas de juguete que se alojan unas en otras y que consigue hacerlo adecuadamente. Intente encontrar otros artículos que también encajen así, como vasos de plástico de distintos tamaños o pequeños barriles de plástico. Al principio, quizá titubee cuando se enfrente al nuevo rompecabezas, pero pronto aplicará sus conocimientos previos. Las experiencias como ésta aumentan su confianza como estudiante, convirtiéndolo en alguien motivado y capaz de resolver problemas adaptando y aplicando sus conceptos previos de aprendizaje.

Anímele a insistir con los rompecabezas de juguete que antes no conseguía resolver, pero elimine las piezas fáciles. Los clasificadores de formas, por ejemplo, a menudo contienen piezas que pueden insertar los niños más pequeños (porque tienen el mismo contorno con independencia de cómo se hagan girar), además de otras que no suelen dominar. Por lo tanto, usted puede darle el clasificador de formas sin las piezas más fáciles (como el cuadrado, el círculo y el triángulo) y sugerirle que coloque las piezas restantes en los lugares correctos. Tranquilícele si se frustra; anímele hasta que lo consiga.

✦✦✦✦✦✦✦ Consejos ✦✦✦✦✦✦✦

1. Guarde algunos juguetes «especiales». En aquellos momentos en que su bebé esté realmente aburrido, saque ese juguete que usted había guardado. La aparición de su juguete le alegrará y activará la estimulación del aprendizaje.

2. Enséñele los nombres de las partes básicas de su cuerpo. Juegue con él agitando suavemente su mano y diciéndole: «Esto es su mano». Haga lo mismo con los pies, la nariz, los ojos y la barriguita. Su bebé empezará a asociar los nombres con las partes de su cuerpo.

3. Juegue mucho con él. Estudios recientes han demostrado que la presencia de los padres mientras juega tiene muchos efectos positivos: el bebé juega más rato, se atreve más fácilmente con juguetes que desconoce y es más atrevido en sus exploraciones.

4. Inicie una rutina y deje que él la continúe. Esto fortalecerá su memoria. Realice el primer paso de una rutina familiar (por ejemplo saque la toalla del baño) pero deténgase en este momento. Deje a su bebé tiempo para continuar: quizá empiece a quitarse los calcetines solo.

5. Permítale jugar con algunos utensilios domésticos. Una botella pequeña de plástico y una palangana con agua le permiten aprender a jugar con agua; y con un poco de masilla podrá modelar diferentes formas. También puede aprender jugando con los habituales (pero seguros) utensilios domésticos.

◄ *Convenza a su bebé para que pruebe algunas de las formas más difíciles del clasificador, las que había descartado hasta ahora.*

P ¿Qué es exactamente un test de inteligencia?

R Es una serie de preguntas que afirman medir importantes capacidades de aprendizaje, como: razonamiento, memoria a corto plazo, memoria a largo plazo y reconocimiento de pautas. La ejecución de estas pruebas por parte de un niño se compara después con las puntuaciones medias obtenidas por una muestra muy extensa de niños de su misma edad.

P ¿Debo procurar que mi hijo pase un test de inteligencia para ver lo listo que es?

R Un problema de los tests de inteligencia es que no ofrecen una imagen precisa de cómo se desenvolverá un niño en una situación de la vida real en la que deba solucionar problemas; son demasiado artificiales y pueden resultar inexactos. Por eso es mucho mejor que usted siga estimulando la capacidad de aprendizaje de su hijo cada día a que lo someta a un test de inteligencia.

Estimulación del aprendizaje: de los 13 a los 15 meses

La mejor coordinación oculomanual de su hijo, junto con su capacidad de corretear por todas partes, le proporcionarán la confianza necesaria para recorrer toda la casa. Un día entrará en la cocina y le verá sentado tranquilamente en el suelo mientras vacía todos los recipientes de la alacena. Sin dejarse impresionar por el desorden, su deseo de aprender anula cualquier preocupación sobre las consecuencias de su aventura de aprendizaje.

LLÁMELE POR SU NOMBRE

Ayude a sus hijos a desarrollar su potencial de aprendizaje mencionando su nombre cuando hable con ellos. Por ejemplo, si quiere que sus hijos jueguen con un rompecabezas, en lugar de decirle «Toma el rompecabezas», empiece pronunciando su nombre y espere a que se vuelvan hacia usted antes de completar la frase.

Lo mismo vale para las peticiones simples. Quizá tenga que repetírselo todo, casi como si no se molestaran en escuchar, pero es más probable que se deba a que no sintonizan con la instrucción hasta que usted insista. Diciendo su nombre al principio atraerá su atención y les dará tiempo para concentrarse en lo que les está diciendo.

Sugerencias

Por primera vez, la imaginación ha empezado a desempeñar un papel en la vida de su hijo y eso inicia un cambio importante en su capacidad de razonar. Entre el nacimiento y los 12 meses, sólo podía pensar en términos de lo que veía justo delante de él; si el juguete no estaba dentro de su campo visual, su bebé no podía fingir que estaba allí y eso limitaba claramente su potencial de aprendizaje. Hacia los 12 a 15 meses, empieza a ser capaz de pensar simbólicamente y como consecuencia puede utilizar un objeto para representar otro; por ejemplo, un cubo de madera puede ser el vaso del que intenta beber. La imaginación es una parte importante del aprendizaje.

Empiece a realizar juegos de «fingimiento» con sus hijos de esta edad. Leerles cuentos con una expresión animada es una manera de potenciar su imaginación. También puede fingir que merienda con los muñecos de trapo. Su hijo se lo pasará de maravilla fingiendo servir tazas de té a sus invitados, lo que le permitirá practicar acciones que le haya visto realizar a usted. Ofrézcale oportunidades de utilizar la información aprendida de modo práctico. Tomemos la limpieza doméstica, por ejemplo. Es bueno desde varios

◀ *Incluya a su hijo en la rutina doméstica. Puede hacer de la limpieza un rato divertido animándole a guardar algunos de sus juguetes.*

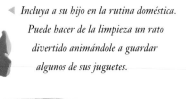

◀ *La mayoría de los niños que ya caminan consideran un gran privilegio que les permitan utilizar algún aparato de adultos y copiar lo que ellos hacen.*

P<small>reguntas</small> Y R<small>espuestas</small>

P ¿De qué tamaño deben ser las piezas de un puzzle para mi hijo de 15 meses?

R Un niño de esa edad no puede resolver un puzzle tradicional debido a que es un reto complejo, aunque sólo conste de dos piezas. Sin embargo, probablemente será capaz de volver a insertar una figura plana de madera en el hueco correcto del tablero troquelado, suponiendo que haya un solo hueco (o dos como máximo).

P ¿Cómo puedo evitar que mi hija sea tan impulsiva? Juega siempre muy deprisa.

P Los niños varían en su modo de abordar una experiencia de aprendizaje. Algunos -como su hija- se apresuran a despacharla cuanto antes, mientras que otros se toman su tiempo. La próxima vez que juegue con algo, siéntese a su lado y charle con ella; señale el juguete, despierte su interés y háblele de él. Así su juego será más lento y la ayudará a ser más reflexiva.

Juguetes: masilla de colores, cubeta de arena y agua, puzzle de tablero, juguetes interactivos, juego de café de plástico, bloques de construcción grandes.

puntos de vista, como animar la independencia y la responsabilidad, pero también es valioso para desarrollar su capacidad de organización.

✦✦✦✦✦✦ Consejos ✦✦✦✦✦✦

1. Amplíe sus juegos. Ayúdele a aprender cómo ampliar su manera de jugar. Por ejemplo, si moldea un figura con masilla, pídale que moldee otra. Si arrastra el coche de juguete en una dirección, pídale que lo empuje en dirección contraria.

2. Señale las distintas partes del cuerpo de su muñeca más grande. Previamente, usted las había señalado en el cuerpo de su bebé, pero ahora puede aprenderlas con la muñeca. Cíñase a las partes evidentes, como el cabello, la cabeza, los ojos, los pies, las manos, la boca y las orejas.

3. No le presione. En su preocupación por mejorar el aprendizaje de sus hijos, podría tener expectativas poco razonables sobre sus logros. Ante todo, anímeles, pero asegúrese de que los retos que les plantea son razonables para su edad.

4. Practique, haga una pausa y vuelva a practicar. Cuando enseñe una nueva habilidad a sus hijos, como completar un puzzle de tablero, deje que lo hagan ellos durante unos minutos, jueguen con algo distinto y luego regresen al puzzle después de la pausa.

5. Deje que a veces se esfuercen. Naturalmente, usted no pretenderá que sus hijos estallen de frustración cuando el juguete no funcione como ellos querrían. Pero si usted se precipita a darles la solución cada vez, no la descubrirán por sí mismos. Encuentre un equilibrio.

Ordenar los juguetes le obligará a registrar la habitación sistemáticamente, acordarse de guardar los juguetes en la misma caja cada vez que los recoja del suelo y concentrarse en la tarea hasta completarla. Le encantará ayudar a los adultos, por lo que usted debería resistir la tentación de hacerlo sin su ayuda aunque así terminase el trabajo más deprisa.

También puede estimular su creatividad preparando una cubeta pequeña con una espesa mezcla de arena y agua, aunque deberá vigilarlo de cerca por si decidiera que es buena idea probar el sabor de la mezcla. Procure que su textura sea lo bastante sólida para que se mantenga aglutinada, arremangue a su hijo y húndale las manos en la sustancia. Al principio probablemente se limite a tomar la masilla con la mano y dejarla caer. Pero en cuanto se agote su entusiasmo inicial, quizá recurra a su memoria y sus conocimientos previos para crear distintas formas.

▼ *Jugar con arena y agua fascina a los niños, pero requiere supervisión.*

Desarrollo

socioemocional

Desarrollo socioemocional

En el momento de nacer, su bebé tendrá una personalidad y unas emociones que empezarán a manifestarse. Llorará cuando esté descontento, le brillarán los ojos cuando se divierta y contemplará la habitación cuando se aburra. Descubrirá usted cada vez más características de su bebé en los próximos 15 meses, a medida que juegue con él, le estimule y trate de crear una rutina estable de comida y sueño para él. También su necesidad humana básica de relacionarse con otras personas emergerá durante estos meses, cuando empiece a ser consciente de la existencia de otros seres humanos y reclame su atención.

Tipos emocionales

Cada bebé es diferente, tiene su conjunto especial y único de rasgos personales. Sin embargo, los psicólogos han identificado tres tipos principales de temperamento en los niños pequeños.

Primero está el niño cómodo, que acepta fácilmente las experiencias nuevas. Juega entusiasmado con juguetes nuevos, duerme y come regularmente y se adapta con facilidad a los cambios. Por el contrario, el niño difícil es el opuesto exacto. Es reacio a cualquier rutina, llora mucho, tarda mucho tiempo en acabar de comer y duerme intranquilo. Por último, está el niño que tarda en integrarse socialmente, que es muy conformista y pasivo. No participa activamente en nada y espera a que el mundo vaya a él. ¡Usted probablemente vea en sus hijos aspectos de todos estos tipos!

Nadie sabe con certeza de dónde proceden estas características emocionales. Pero es casi seguro que la personalidad de un bebé y su capacidad de relacionarse con los demás es una

▶ *Su bebé establece un estrecho vínculo emocional con usted.*

combinación de los rasgos con los que nació y de cómo fue criado en la infancia.

También existen pruebas de que el desarrollo emocional empieza ya durante el embarazo. Por ejemplo, varios estudios han descubierto que cuando una embarazada se enfada, tiene miedo o está ansiosa, su estado emocional libera en su torrente sanguíneo determinadas sustancias químicas y hormonas que pueden afectar al feto, volviendo inquieto y muy activo al nonato.

Formación del apego

Sin embargo, la mayor influencia en el desarrollo socioemocional de su bebé durante esta primera etapa de su vida es la del apego, es decir, el vínculo emocional en dos direcciones que establece con su madre. Esta relación especial entre una madre y su hijo tiene una enorme influencia en la

personalidad, la estabilidad emocional y la sociabilidad del bebé. Por suerte, su bebé tiene una capacidad innata de crear una relación estrecha con sus padres. Por ejemplo, su oído está sintonizado para captar el sonido de su voz, su visión le permite enfocar claramente el rostro de la persona que le da de comer, puede utilizar su llanto para expresarle sus sentimientos y reacciona más todavía al olor de la leche materna que al de la leche de una mujer desconocida. Estas capacidades sociales innatas suponen que el apego es un proceso natural, para el que usted y su bebé ya están preparados. He aquí algunos datos sobre el apego:

• **No tiene que ocurrir justo al nacer.** Si bien algunos padres afirman amar a sus bebés en cuanto les ven por primera

vez, la mayoría tardan mucho más en sentir que su bebé es realmente suyo. Al menos el 40 por ciento de las madres perfectamente normales tardan más de una semana –y a veces varios meses– en desarrollar este vínculo con su bebé. Por eso no tiene usted por qué preocuparse si en su caso no fue amor a primera vista.

• **No tiene que ser todo o nada.** Para la mayoría de los padres y los hijos, el apego es un proceso gradual. Como todas sus demás relaciones, la conexión que usted establezca con su bebé necesita tiempo. No es cuestión de que no tenga ningún vínculo con él un día y surja de pronto al siguiente día. El apego emocional normalmente crece día a día, mes a mes.

• **No sólo tiene que ocurrir con la madre o el padre.** Existen numerosas evidencias de que su bebé es capaz de desarrollar un vínculo emocional con más de una persona a la vez. Puede tener un apego psicológico hacia usted y también hacia su pareja y con sus abuelos. Cada una de estas relaciones distintas es muy especial para él y todas contribuyen a su manera al desarrollo socioemocional.

Involúcrese

Una relación sólida entre ambos le aporta al bebé una sensación de bienestar, le hace sentirse seguro y protegido, le ofrece una base sólida sobre la que construir futuras relaciones sociales con otras personas y le ayuda a aprender a confiar en los demás. El apego también es positivo para usted porque le hace sentirse bien como madre o padre. Es una idea maravillosa saber que su bebé ama a sus padres y se siente seguro con ellos.

Es mucho lo que usted puede hacer para facilitar este fundamental proceso psicológico sobre la marcha. Lo más importante es que intente relajarse cuando esté con su bebé para que ambos puedan disfrutar de la compañía mutua. Por supuesto, cuidar de él le exige mucho y probablemente tenga la sensación de que nunca dispone ni de un minuto para usted; quizá incluso tenga dudas sobre su competencia como madre o padre. Pero no olvide que su bebé estará más tranquilo si percibe que usted no se siente incómodo en su compañía.

También el amor físico desempeña un gran papel en su desarrollo socioemocional. Simplemente, le encantan los mimos de todas las personas familiares. Hay algo

▶ *Un vínculo estrecho le permitirá comprender y reaccionar a las necesidades de su bebé con más facilidad.*

▲ *A los 6 meses, algunos bebés han desarrollado el hábito de chuparse el pulgar, que puede actuar como consuelo inmediato en momentos de inquietud.*

muy especial en ser estrechado con firmeza y suavidad por los brazos de un adulto cariñoso. La proximidad, la calidez, el contacto corporal, todo lo que forma parte de un afectuoso mimo aumenta enormemente su satisfacción y su confianza.

Desarrollo socioemocional

Edad	Aptitud
1 semana	A su bebé le gusta que usted esté con él todo el tiempo posible, y cuando tiene su rostro lo bastante cerca, deja de hacer lo que hacía el tiempo suficiente para mirarle fijamente.
1 mes	La alimentación se convierte, no sólo en una fuente de nutrición física, sino también en una oportunidad de sentir satisfacción y proximidad con usted.
2 meses	En esta época ya lo habrá visto sonreír por primera vez, una demostración clara de que es capaz de divertirse y hallar satisfacción en el contacto social.
3 meses	Su bebé reacciona mucho más ante cualquier adulto que muestre interés por él, y su necesidad de atención es ahora evidente.
4 meses	Su bebé emplea la comunicación no verbal para convencer a los adultos familiares de que pasen más tiempo con él.
5 meses	Ha desarrollado apego por su muñeco de peluche favorito y le gusta tener cerca este objeto cuando se acuesta a dormir.
6 meses	Aproximadamente en esta época, es probable que muestre los primeros signos de timidez y ansiedad social cuando se dé cuenta de que está en presencia de un adulto que no le resulta familiar.
7 meses	Su bebé de 7 meses no tiene dificultades en transmitirle a usted con exactitud sus sentimientos negativos, además de las emociones positivas.

Del nacimiento a los 7 meses

Qué hacer

Sostenga la cabeza de su bebé con una mano y la espalda y los hombros con la otra, de modo que mire hacia usted. Después acerque el rostro hasta unos 15-23 centímetros del suyo. Cuando él empiece a reconocerlo, agitará el cuerpo con excitación.

Mientras da de comer a su bebé, háblele suavemente. Su atención se volverá inmediatamente hacia usted y establecerá contacto visual. Seguirá mirando su rostro incluso si se detiene unos momentos durante la comida.

La manera de hacer sonreír a su bebé —y esto suele empezar alrededor de las 6 semanas de edad— depende de su personalidad como individuo. Sin embargo, si usted le sonríe animadamente, lo más probable es que su rostro exhiba pronto también una amplia sonrisa.

Notará que a menudo llora cuando se queda solo, pero se detiene en el momento en que usted se acerca para ver qué ocurre. De pronto, pasa de las lágrimas a las sonrisas, de la tristeza a la alegría, cuando sus necesidades socioemocionales quedan satisfechas al estar en su compañía.

Observe atentamente a su bebé mientras juega con él. Su animado lenguaje corporal y sus expresiones faciales de placer tienen dos objetivos sociales: le indican a usted que se siente bien y además actúan como estímulo para que siga jugando con él.

Su bebé probablemente tiene un muñeco de peluche —o quizá es la manta de su cuna— que prefiere tocar cuando se va a dormir. Se acurruca contra este «confortador» porque le proporciona comodidad y le hace sentir emocionalmente seguro.

Si está usted con su bebé, por ejemplo, comprando en el supermercado y un perfecto desconocido se acerca a hablar con él, quizá descubra que se arrima a usted y se echa a llorar. Incluso si contiene las lágrimas, buscará la protección de sus padres.

Intente quitarle un juguete mientras juega con él. Su reacción inicial será resistirse, tal vez aferrándose al juguete. Y si consigue quitárselo, se pondrá furioso con usted y armará un gran escándalo.

Desarrollo socioemocional

Edad	Aptitud
8 meses	Su mayor confianza en sí mismo y su creciente conciencia social le indican cómo iniciar un contacto social con otros adultos, aunque no les conozca especialmente bien.
9 meses	Le despiertan la curiosidad otros bebés de su edad, aunque no pueda hablar ni jugar con ellos.
10 meses	Su bebé crece y es más consciente de la significación emocional de los mimos y los abrazos, ahora que puede darlos además de recibirlos.
11 meses	Cada vez que sus deseos tropiezan con obstáculos, su umbral de tolerancia a la frustración se ve superado y por eso pierde los estribos con gran facilidad.
1 año	Le encanta jugar o participar en cualquier actividad que implique una interacción social con usted. La relación social es más importante que la propia actividad.
13 meses	Aunque todavía depende por completo de usted para satisfacer sus necesidades cotidianas, su innato deseo de ser independiente se demuestra de maneras sencillas.
14 meses	La confianza de su hijo o hija ha aumentado, pero quizá tenga miedo de los extraños aunque usted esté a su lado.
15 meses	Su determinación se trasluce cuando intenta imponer su autoridad sobre usted. Las rabietas son comunes en los niños de esta edad, cuando no logran salirse con la suya.

De los 8 a los 15 meses

Qué hacer

Converse con un amigo en presencia de su bebé. Él quizá intente atraer su atención entregándole a usted o a su amigo uno de sus juguetes. Es su manera de decir «Me gustaría que jugáramos juntos» y espera que ambos se apunten.

Si es posible, siente a su bebé al lado de otro niño de su misma edad aproximada. Le mirará completamente fascinado y quizá intente tocarle, empujarle o tirar de él hasta que el foco de su interés se queje.

Hágale mimos. Su mayor control de las manos y los brazos, sumado a su mayor comprensión de la influencia que ejerce sobre usted, significa que ahora es recíproco en la reacción de cariño; los abrazos son bidireccionales y él ya no es un receptor pasivo.

Usted necesita observar muy atentamente las reacciones de su bebé cuando juegue con un puzzle o cuando usted le diga que le prohíbe hacer algo. A esta edad, la transformación de un niño tranquilo en otro furioso sólo tarda un segundo.

Las rimas activas como «El corro de la patata» o «Este cerdito fue al mercado» le hacen reír con ganas. Igualmente, disfruta con los juegos como el «cu-cú» o «palmas palmitas», que requieren un estrecho contacto social entre usted y él.

Cuando vista o cambie a sus hijos de esta edad, déjelos participar si lo desean. Por ejemplo, si alguno levanta los brazos cuando usted se acerca con su camiseta, déle un gran abrazo para que sepa que a usted le parece bien. Hágalo cada vez que él intente ayudarle así.

Llévelo a una reunión de padres e hijos para que tenga la oportunidad de mezclarse con otros niños. Pero quédese con él. Puede que sea perfectamente feliz hasta que un niño se le acerque, y en ese momento probablemente le invadirá el terror y tratará de esconderse detrás de usted.

Necesitará mucha calma y paciencia con su hijo a la hora de imponerle límites. En cuanto comprenda que usted le ha dicho «no» y hablaba en serio, explotará de ira, con la esperanza de obligarle a cambiar de opinión.

Estimulación del desarrollo socioemocional: del nacimiento a los 3 meses

Durante estos primeros meses, usted y su bebé necesitarán tiempo para conocerse mutuamente. Usted aprenderá progresivamente el significado de sus llantos, expresiones faciales y movimientos corporales, y él aprenderá constantemente el significado de los tonos de voz, estados de ánimo y maneras de tocarlo. La clave de su desarrollo socioemocional temprano será establecer una relación de amor con usted.

LACTANCIA MATERNA O BIBERÓN

Aunque las pruebas científicas demuestran que la lactancia es muy superior a la hora de proteger a su bebé de las infecciones durante este primer período, no hay ni un solo estudio que sugiera que el biberón o la leche materna resulten particularmente beneficiosos en ayudarles a usted y a su bebé a establecer un vínculo afectivo.

Pero el estilo de la alimentación sí tiene algún efecto. Por ejemplo, si la madre está tensa cuando le da de comer (ya sea del pecho o del biberón), él también estará tenso; si usted está irritable, él lo percibirá y le costará aceptar el alimento. En otras palabras, intente pensar positivamente durante la lactancia.

Sugerencias

La mayor ayuda que puede ofrecerle a su bebé es relajarse cuando esté con él. Eso es más fácil decirlo que hacerlo, naturalmente, porque las tensiones y presiones de estar a la altura de sus necesidades constantes de alimentación, cambio de pañales y baño parecen a veces abrumadoras. Y si las cosas no salen según lo planeado porque, por ejemplo, él no come adecuadamente o llora sin razón aparente, es probable que usted sufra de ansiedad. Pero si usted está en tensión cuando esté con su bebé, él pronto se sentirá también así. Por eso merece la pena hacer un esfuerzo especial por relajarse en su compañía.

Otra manera de ayudarse a ambos a forjar una conexión emocional sólida es tranquilizarle cuando parezca inquieto. Su bebé llorará por alguna de muchas razones, que van del hambre al dolor, de la soledad al cansancio, y será difícil saber la verdadera explicación de su inquietud. El problema será que él no sabrá hablar para contarle qué le ha alterado, aunque podrá intentar tranquilizarle igualmente.

Seguramente desarrollará todo un repertorio de estrategias para detener sus lágrimas, incluyendo hacerle mimos, arroparlo, poner música suave, llevarle a dar una vuelta en automóvil y jugar con él. El éxito de las distintas técnicas variará de una semana a otra, dependiendo del humor del bebé; lo principal es que usted intente con empeño encontrar una manera de calmarle.

También puede usted contribuir a su desarrollo social dejando que le sostengan otros adultos.

▼ *El contacto físico directo es tranquilizador para un recién nacido.*

▲ *Besar, arrullar y hablar con su recién nacido le ayudará a aprender cómo tratarle de una manera tranquila y relajada.*

✦✦✦✦✦✦ Consejos ✦✦✦✦✦✦

1. Confíe en usted y en su capacidad como madre o padre. Dígase que lo va a hacer muy bien. Actúe con confianza y tranquilidad cuando trate a su nuevo bebé. Su confianza aumentará progresivamente a medida que amplíe su experiencia.

2. Establezca contacto visual muy a menudo con su bebé. A él le encanta que usted le mire a los ojos porque la atención aumenta su confianza. Además, le enseña la práctica social básica de mirar a los ojos de los demás cuando le hablan.

3. Hágale saber que se interesa por él. Necesita sentirse importante para usted, y la mejor manera de demostrárselo es prestándole mucha atención, hablándole cariñosamente, sonriéndole y haciéndole muchísimos mimos.

4. Intente desarrollar una rutina estable de alimentación y sueño. Sus necesidades de nutrición y sueño varían rápidamente durante este período y puede ser difícil establecer rutinas. Sin embargo, la mayoría de los bebés prefieren una rutina fija.

5. Llévelo con usted cuando salga. Es bueno para él ver una gama de rostros y oír distintas voces, ya sea en el supermercado o en la calle. Así se refuerza su interés por otras personas y aumenta su confianza social.

Es verdad, se ha acostumbrado rápidamente a que usted le tome en brazos, a su calidez y su olor, y todo eso le gusta, pero no hay ningún mal en dejar que otros parientes y amigos afectuosos le hagan mimos cuando vengan de visita. Eso no amenazará en absoluto la integridad del vínculo emocional que usted ha desarrollado con él y sí reforzará su sociabilidad. Su bebé disfrutará con un abrazo de su abuela o del mejor amigo de sus padres, aunque siempre preferirá a éstos. Así se acostumbrará a las visitas de otras personas desde tierna edad, lo que sentará las bases de las futuras relaciones sociales.

▼ *Si usted disfruta con ello, dar de comer a su bebé puede ser un momento en el que se sienta muy cerca de él.*

Preguntas **Y** **R**espuestas

P Si acudo junto a mi bebé cada vez que llora, ¿le estoy animando a que busque atención?

R Un bebé que se siente desatendido mientras llora se puede sentir solo, aislado e inseguro. Después de todo, llorar es su principal manera de comunicarse con usted. Más adelante, quizá convenga esperar unos segundos antes de responder, pero a esta edad llora porque necesita a un adulto.

P ¿A qué edad debería mi bebé haber creado un vínculo emocional conmigo?

R Eso depende enteramente de usted y de él. No hay un lapso de tiempo «habitual». No obstante, los estudios psicológicos han descubierto que un bebé que no haya creado esta forma de conexión psicológica segura cuando tenga unos 4 años probablemente tendrá dificultades sociales a lo largo de su vida.

🧸🚂 **Juguetes:** muñecos de peluche para la cuna, caja de música suave, alfombra-gimnasio.

Estimulación del desarrollo socioemocional: de los 4 a los 6 meses

Las aptitudes sociales de su bebé aumentan a medida que su necesidad de mezclarse con los demás se intensifique. Empezará ser más consciente de que hay otras personas a su alrededor y utilizará la comunicación no verbal para interactuar con ellas; se crecerá con la atención. Pero a pesar de su entusiasmo por tener compañía, su confianza social seguirá siendo muy frágil: en cuanto vea a un extraño, puede que se eche a llorar.

RASGOS DURADEROS

Los bebés varían enormemente en cuanto a sensibilidad y humor. Quizá el suyo sea de los teatrales a la hora de expresar sus emociones; quizá llore mucho en cuanto algo vaya mal y gima y lloriquee casi constantemente. O tal vez sea un bebé de temperamento apacible que sigue alegremente la corriente y afronta con tranquilidad los pequeños retos de la vida.

Sean cuales sean las características emocionales de su bebé, usted descubrirá que puede adaptarse a ellas. Los resultados de los estudios psicológicos sugieren que muchos de estos rasgos importantes de la personalidad que están presentes los primeros meses de vida suelen ser estables, ya que tienden a seguirse observando durante el resto de su vida.

Sugerencias

Reaccione de buen grado cuando se comunique con usted. Si le sonríe o emite sonidos para llamar su atención, vaya a su lado y juegue con él. Reproduzca sus gestos, de modo que, si sonríe, sonríale usted a su vez, si le entrega un juguete, entréguele uno a él, etc. Así se reforzarán sus aptitudes sociales. En ocasiones se conformará con jugar solo, en especial al acercarse al sexto mes de vida, pero por el momento preferirá contar con la atención de sus padres siempre que sea posible.

Esto no significa, sin embargo, que deba usted estar a su lado cada segundo del día. Parte del desarrollo socioemocional exige que su bebé adquiera cierta independencia, la capacidad de conseguir las cosas solo, sin que usted esté constantemente justo a su lado. Si corre hacia él cada vez que le llame por aburrimiento, su bebé de entre 4 y 6 meses nunca aprenderá a entretenerse solo. Durante este período de su vida, intente asegurarse de que puede jugar solo a ratos en su cuna. Esto reforzará su confianza en sus propias posibilidades.

▶ *Hacia los 6 meses de edad, los bebés empiezan a comprender la comunicación recíproca básica.*

Su deseo innato de explorar, sumado a su mayor coordinación oculomanual y a su capacidad de moverse, tendrán como consecuencia toda una nueva gama de oportunidades de descubrir el mundo que se abre para él. El reverso de la moneda sea que quizá se meta en situaciones que le resulten difíciles o aterradoras; por ejemplo, cuando gatee hasta detrás del sofá y acabe atrapado contra la pared, o cuando quiera

▲ *A esta edad, los bebés muestran interés por otros niños, aunque no suele durar mucho.*

❖❖❖❖❖❖ Consejos ❖❖❖❖❖❖

1. Déjele jugar cerca de otros niños de su edad. Aunque no juegue con ellos y quizá se limite a mirarlos, despiertan mucho su interés. Los observa y aprende de sus actos.

2. Hable con otras personas cuando su bebé esté con usted. Él necesita aprender que el lenguaje es una parte clave de la mayoría de las interacciones sociales. Al ver como usted charla con otras personas cuando se reúnen, dispondrá de un buen modelo.

3. Déle seguridad cuando se muestre tímido con un adulto poco familiar. Cuando se esconde porque un extraño habla con él, tómelo de la mano, hágale mimos y dígale que no tenga miedo. Su seguridad le ayudará a superar este bache de falta de confianza.

4. Reaccione a su sentido del humor. La capacidad de reír es una eficaz habilidad social. Por eso, ríase con ganas si le oye reír y procure hacerle sonreír cuando tenga una expresión seria en el rostro.

5. No dé importancia a sus momentos de enfurruñamiento. Si su bebé está irritable en ocasiones, siga hablando y jugando con él igualmente. Si se limita a dejarle solo cuando esté de mal humor, su irritabilidad probablemente durará más tiempo.

un adorno de la mesa y consiga hacerlo caer sobre su cabeza. Su bebé puede inquietarse por estos sucesos, y quizá se vuelva tímido y aprensivo.

Estimule su confianza cuando vea que esto ocurre. Déle consuelo, cálmele, séquele las lágrimas y luego anímele a empezar de nuevo a explorar. Lo genial de su bebé es que pronto olvidará una mala experiencia si usted está ahí para alegrarle. Si su confianza en sí mismo se debilita, ayúdele a recuperarla dándole apoyo y ánimos.

▼ *Un bebé de 4 meses depende mucho de su madre para entretenerse y probablemente sólo jugará solo durante breves períodos.*

Preguntas **y R**espuestas

P ¿Debo jugar con mi hija de 5 meses cuando se despierte durante la noche?

R Naturalmente, tiene que consolarla. Pero existe el riesgo de convertir el despertarse de noche en un episodio de juego deseable, con lo que en realidad la estará animando a despertarse más a menudo. Una estrategia más eficaz es tranquilizarla, darle seguridad y dejarla que se vuelva a dormir.

P ¿Es verdad que, de bebés, los niños tienden a ser más difíciles de manejar que las niñas?

R No hay muchas pruebas científicas que avalen esta idea. Sin embargo, en general es cierto que los niños tienden a ser más atrevidos que las niñas, pero podría deberse a que los padres dejan que los niños se porten así mientras animan a las niñas para que se muestren menos osadas.

🧸🚂 **Juguetes:** espejo irrompible para bebés, pequeños cubos de plástico con un recipiente, libros de tela o plástico, pelotas blandas pequeñas.

Estimulación del desarrollo socioemocional: de los 7 a los 9 meses

Su bebé será cada vez menos pasivo en compañía de otras personas. Ahora será más extrovertido socialmente e intentará responder activamente a otras personas. Aunque todavía no hable de un modo comprensible, balbuceará audiblemente cuando alguien le hable; es su forma de conversación sociable. ¡No tendrá dificultades en hacerle saber a usted que está de mal humor!

CONFORTADORES

La mayoría de los bebés se aficionan a un muñeco de peluche concreto y les gusta tenerlo cerca. Si el suyo tiene un «confortador» (llamado así porque el objeto hace sentirse cómodo al bebé), lo idolatrará aunque esté sucio, roto o incluso si le falta alguna parte. Adora el tacto y el olor familiares del objeto.

Que su bebé utilice un confortador no significa que tenga miedo o sea tímido. De hecho, no hay ninguna relación entre los confortadores de la primera infancia y la inestabilidad emocional en el futuro; en cualquier caso, las pruebas de los estudios realizados demuestran que los niños que se aficionan a un confortador tienen a menudo más confianza en sí mismos cuando empiezan a ir al colegio.

Sugerencias

Aumente sus expectativas respecto a la sociabilidad de su bebé. Mientras que, de más pequeño, usted charlaba con él sin esperar ninguna respuesta razonable, es hora de que le dé una oportunidad de responder. Así, cuando hable con él, haga una pausa para dejarlo balbucear a modo de respuesta; cuando le haga una pregunta como «¿Quieres más agua?», busque una respuesta en su expresión facial, sus movimientos corporales y sus sonidos, en lugar de limitarse a darle el agua sin más. Su estímulo le hará comprender que necesita participar más.

A estas alturas, usted debería haber empezado a tener las ideas claras respecto a la disciplina que quiera imponer a su bebé. Recuerde que la disciplina no consiste en controlar a sus hijos, sino más bien en potenciar su conciencia de los demás y de que comprendan que las otras personas tienen sentimientos igual que ellos. Las reglas de conducta aumentan su conciencia social y les ayudan a adquirir autocontrol. Aun así, eso no significa que vayan a hacer alegremente lo que usted les mande.

▼ *A los 8 y 6 meses, estos dos bebés sienten curiosidad por el otro y están dispuestos a interactuar.*

Hacia los 8 meses, un bebé disfruta de sus rutinas y se excitará cuando sepa que algo que le gusta está a punto de suceder, como el baño diario.

Su bebé ya conoce el significado pleno de la palabra «no» y quizá se ponga furioso con usted cuando se interponga en su camino. Se trata de una reacción normal, sanamente emocional.

No obstante, puede ayudarle a controlar mejor su temperamento a esta edad calmándole y manteniéndose firme. No ceda a sus exigencias airadas. A través de este proceso aprenderá a modificar su comportamiento y desarrollar su sensibilidad hacia los demás.

A esta edad, una rutina diaria estable es útil para el desarrollo emocional de su bebé. Comer a horas regulares y fijar una hora para acostarse cada noche le permiten estructurar el día, y esta disciplina contribuye a su sensación general de seguridad y bienestar.

Descubrirá usted que su bebé disfruta con la familiaridad de, por ejemplo, la rutina anterior al baño y a acostarse, porque estas acciones señalan lo que está a punto de ocurrir. Empezará a sonreír cuando vea que usted saca su toalla de baño del armario o que ordena los juguetes de su cuna. La estructura le hará sentirse seguro. Naturalmente, es necesario ser flexible; sin embargo, en general, la rutina será emocionalmente beneficiosa para su bebé.

▼ *A esta edad, un bebé sigue necesitando frecuentes muestras de seguridad y normalmente le gustará saber que usted está cerca.*

✦✦✦✦✦✦✦ Consejos ✦✦✦✦✦✦✦

1. Siga demostrando a su bebé que le ama. Las manifestaciones regulares de afecto aumentan su confianza en sí mismo. Se empapa en cada gota de amor que recibe de sus padres y reacciona comportándose cariñosamente con ellos.

2. Asegúrese de que consigue lo que se propone. El éxito aumenta su grado de bienestar y confianza. Por ejemplo, completar un puzzle o lograr llevarse solo una cuchara a la boca tiene un efecto muy positivo en él.

3. Llévelo con usted a una reunión de padres e hijos. Todavía no está preparado para jugar cooperativamente con otros niños (y no lo estará en mucho tiempo), pero eso no le impedirá disfrutar de su presencia. Esta experiencia estimula su entusiasmo social.

4. Elógielo mucho. El elogio verbal y la aprobación de los padres significan mucho para un bebé de entre 7 y 9 meses. Actúan como estímulo para hacerle perseverar, al tiempo que potencian también su autoestima.

5. Utilice una canguro para poder salir sin él. Aparte de las ventajas para usted de salir sin su compañía, también es bueno para su bebé acostumbrarse a los cuidados de otra persona. Se adaptará rápidamente a esta solución temporal.

Preguntas Y **R**espuestas

P Mi bebé tiene 8 meses pero sigue llorando con suma facilidad. ¿Cómo puedo hacerle más fuerte?

R Probablemente llora tanto porque es una manera eficaz de llamar su atención. Empiece a hacer caso omiso de algunos de sus episodios de llanto, a menos que sepa con seguridad que le pasa algo realmente grave. Sus lágrimas correrán con menos frecuencia cuando se dé cuenta de que no consiguen el efecto deseado.

P ¿Debo dejar que mi bebé de 9 meses siga reclamando el chupete?

R Eso depende enteramente de usted. El mayor peligro al que se enfrenta un bebé que usa el chupete a esta edad es el de la falta de higiene. Probablemente lo tire al suelo, lo recoja y vuelva a metérselo en la boca, con lo que será más vulnerable a los gérmenes. Por eso debería usted hacer todo lo posible por mantener limpio el chupete.

🧸🚂 **Juguetes:** sonajero de cochecito, anillas de plástico, peluches, caja de sorpresas con resorte, libro de cartón con una ilustración por página.

Estimulación del desarrollo socioemocional: de los 10 a los 12 meses

Las principales características emocionales de su bebé son firmes y probablemente usted ya podrá predecir cómo se comportará en la mayoría de las situaciones. No obstante, su creciente conciencia del mundo que le rodea provocará un gran temporal en el desarrollo de la sociabilidad de su bebé; su apego hacia usted se hará más intenso y su deseo de mezclarse con otros se frenará un poco en esta etapa.

EL NIÑO AMBICIOSO QUE YA ANDA

A pesar de su conducta dependiente y su miedo a los extraños, los niños de esta edad son muy ambiciosos y tienen una confianza tremenda en sus habilidades. Ningún reto es demasiado grande para ellos en cuanto han decidido superarlo.

En realidad, sus ambiciones exceden a su capacidad, y esto significa que quizá se topen con un mayor número de episodios de lágrimas y frustración. Por ejemplo, se entristecerán en extremo cuando los cojines del sofá sean demasiado altos para llegar hasta ellos o cuando el tirador de la puerta esté demasiado arriba para alcanzarlo. Necesitarán que sus padres les consuelen cuando las metas deseadas se les escapen.

Sugerencias

Normalmente, el bebé que empieza a andar se siente muy seguro con sus padres y además tiene una mayor consciencia de los extraños. El efecto irónico de estas dos tendencias es que su bebé quizá sea feliz jugando alegremente con usted pero se sienta más ansioso en compañía de personas poco conocidas, aunque recientemente se hubiera mostrado más atrevido socialmente. No se irrite con él cuando se aferre desesperadamente a usted; este aparente aumento de su dependencia emocional pasará en pocos meses. En este momento necesita paciencia y apoyo.

Mientras tanto, siga animándole a jugar en presencia de otros niños y continúe utilizando a otros cuidadores (por ejemplo una canguro) cuando

▶ *A punto de cumplir 1 año, es más fácil para su bebé empezar a compartir juegos y actividades con otros miembros de la familia.*

haga falta. Pero cuente con que su bebé será un poco más dependiente de usted en esta época. Si llora cuando le deje con la canguro –cuando antes no le importaba en absoluto–, déle mucha seguridad y luego márchese igualmente. Siempre puede llamar por teléfono a la canguro un rato después para comprobar si su bebé se ha calmado.

Descubrirá que cuando lleve a su hijo de 1 año a una reunión de padres e hijos, a veces se acercará a otro niño y le arrebatará un juguete de las manos.

◀ *Irónicamente, cuando su bebé empiece a ser capaz de hacer más cosas, también se volverá más dependiente, ya que se identificará mucho con sus padres y aceptará menos a los extraños.*

Su bebé no lo hará por malicia; es sólo que no habrá madurado lo bastante para tener en cuenta el efecto emocional que eso tendrá sobre el otro niño. Y cuando sus actos provoquen que éste se eche a llorar por el susto, le mirará con curiosidad, incapaz de entender la relación entre el hecho de apoderarse del juguete y las lágrimas del otro niño.

En estas situaciones, reaccione con calma pero con firmeza. Recuerde que una parte del desarrollo socioemocional de su bebé implica su mayor sensibilidad hacia los deseos y sentimientos de los demás; lentamente aprenderá que no vive en un vacío social, que su conducta tiene un impacto en quienes le rodean. Así, quítele el juguete, diciéndole con voz tranquila pero clara que no debe arrebatarles los juguetes a otros niños, y devuélvaselo a su dueño. Su bebé se quejará y quizá intente anular su decisión, pero devuelva el juguete de todos modos.

✦✦✦✦✦✦✦ Consejos ✦✦✦✦✦✦✦

1. Utilice una rutina familiar cuando le deje con otra persona. Cuando salga sin él, siga el mismo procedimiento para despedirse, besarlo y luego decirle adiós con la mano. Anímele a imitar esas acciones para usted.

2. Haga de modelo de buena conducta. Debe usted evitar la trampa de corregirle constantemente cuando se porte mal. Es más probable que aprenda una conducta adecuada si usted le dice lo que debe hacer, en lugar de reprenderle por lo que no debería haber hecho.

3. Diviértase con él. Los niños de esta edad suelen exigir que se esté muy pendiente de ellos. La confianza y las habilidades sociales de sus hijos mejorarán cuando noten que usted no está en tensión con ellos, sino que está relajado y se divierte en su compañía. Por tanto su sensación de seguridad aumentará.

4. Sienta orgullo por sus logros. Los niños necesitan ánimos constantes para progresar, pero usted tiene que asegurarse de que sepan que ya le basta con lo conseguido hasta ahora. Alabe sus logros actuales antes de pasar a la siguiente etapa.

5. Déle seguridad en el aspecto social. Proporcione seguridad a un bebé socialmente ansioso con palabras de apoyo, abrazándole cuando sea necesario, ofreciéndole muchas oportunidades de estar con otras personas y elogiándole cuando supere algún trance sin lágrimas.

▲ *Empiece a estimular su buena conducta social. Puede empezar explicando con palabras sencillas conceptos como turnarse.*

P ¿Debo dejar que use la cuchara en las comidas? Se mancha mucho.

R Se mancha porque no sabe hacerlo bien, pero la única manera de que aprenda es practicando. Intente no ahogar su deseo de independencia, aunque usted pueda darle de comer más deprisa sin su ayuda. Al menos deje que sujete la cuchara parte del tiempo.

P Mi hija de 11 meses llora cada vez que la dejo con otra persona. ¿Sería mejor para mí salir de casa sin que ella me viese?

R Esto puede funcionar al principio, pero su hija pronto aprenderá su estrategia y se pondrá muy ansiosa aunque usted no tenga intención de marcharse. Es mejor que se despida de ella, le haga mimos, le asegure que volverá y luego simplemente se marche.

uguetes: caja de música, grabaciones de canciones, bloques de construcción de plástico, juguetes de bañera flotantes, juguetes que aparecen y desaparecen mediante un resorte, espejo irrompible.

Estimulación del desarrollo socioemocional: de los 13 a los 15 meses

Los hijos pueden ser más difíciles de manejar durante el principio de su segundo año de vida. Querrán hacer más cosas solos y no les gustará nada que impongan restricciones a su conducta. Las rabietas pueden ser frecuentes cuando no puedan salirse con la suya. Sentirán curiosidad por otras personas y mirarán sin inhibiciones a cualquiera que atraiga su atención.

MIEDOS

Los niños de esta edad son ostensiblemente desafiantes y decididos, y pueden ser notablemente confiados con los demás. Y, sin embargo, ésta es también la época en que pueden desarrollar pequeños miedos. De hecho, los estudios confirman que la mayoría de los niños tienen miedo a al menos a una cosa a partir de los 12 meses de edad, por ejemplo a los gatos, los perros, los insectos o las arañas.

Si su bebé demuestra tener miedo a algo, no arme un escándalo, ya que así intensificaría su terror. Por el contrario, conserve la calma, confírmele que no le va a pasar nada y siga con su rutina habitual. Él seguirá su ejemplo emocional; su actitud relajada y estable le ayudará a combatir su propio miedo.

Sugerencias

Lleve a su bebé con usted cuando salga, siempre que sea posible. La gente le fascina y le encanta observarla. Si alguien despierta su curiosidad, quizá vaya hacia allí y acerque su rostro al de la otra persona cuanto pueda, y es tan probable que lo haga en el supermercado como en una reunión de padres e hijos. Su bebé de 1 año tiene un mayor sentido de sí mismo, una mayor conciencia de que es un individuo con sus propios gustos y aversiones, sus puntos fuertes y débiles; y esto es clave en su desarrollo emocional.

▶ *Su bebé gozará ahora con la atención de otras personas a las que conoce bien, como sus abuelos.*

Una sencilla técnica empleada por los psicólogos para comprobar el desarrollo de la imagen que un niño tiene de sí mismo es dejar que juegue con un espejo. Cuando haya estudiado su reflejo, distraiga su atención con otra actividad durante varios segundos.

Mientras esté distraído, hágale discretamente una marca roja en la frente (por ejemplo, con un pintalabios) pero sin que se dé cuenta de qué

◀ *Los niños de esta edad necesitan realizar mucho ejercicio físico y les parece muy divertido que usted participe de vez en cuando.*

Tome algunas decisiones básicas sobre la conducta que tolerará o no y sea coherente.

Aproximadamente la mitad de los niños de unos 15 meses intentarán tocar la marca, comparados con las tres cuartas partes de los niños de 2 años y prácticamente todos los de 3 años.

Usted puede estimular la conciencia de sí mismo de su hijo recalcando su nombre cuando hable con él. Sabe que esta palabra es sólo para él y que cuando usted le mira y dice su nombre, se refiere únicamente a él. También puede ayudarle empezando a enseñarle los nombres de las partes de su cuerpo, como las manos, los pies, los ojos, las orejas, etcétera. Es demasiado pequeño para pronunciar esas palabras, pero puede empezar a comprenderlas.

Prepárese para una rabieta cuando su hijo no consiga salirse con la suya y acepte que eso forma parte del proceso de convertirse en un individuo.

le ha hecho. Después vuelva a animarle a mirarse en el espejo.

Si su imagen de sí mismo es lo bastante madura, se tocará la frente en la zona aproximada de la marca roja, porque sabrá que eso es su reflejo y por lo tanto debe tener esa marca en su frente.

❖❖❖❖❖❖❖ Consejos ❖❖❖❖❖❖❖

1. Aconséjele sobre las aptitudes sociales.
Necesita que usted le indique, por ejemplo, que debería pasarle la pelota a otro niño, y que debe saludar cuando se encuentre con otra persona. Él aprenderá estas habilidades sociales progresivamente.

2. Elogie la conducta social adecuada.
Cuando sus hijos se comporten correctamente en una situación social (por ejemplo, cuando compartan sus juguetes o sonrían a otros niños), hágales mimos para demostrarles que le encanta esta conducta.

3. No estimule sus miedos. A medida que crezca, su hijo no aprenderá a superar sus miedos si usted le permite que evite lo que le asusta. Siga con su rutina diaria habitual a pesar del miedo, en lugar de organizar su vida alrededor de él.

4. Aborde los celos cuando aparezcan. Quizá esté resentido con usted cuando presta atención a otro niño. Estos celos surgen porque a su hijo no le gusta compartir su cariño. Hable con él hasta que se calme y luego siga hablando con su amigo.

5. Cene con él de vez en cuando. Intente incluir a su hijo a la hora de cenar con el resto de la familia. A él le encanta la naturaleza social de una comida familiar.

Preguntas y Respuestas

P Mi hijo pone el grito en el cielo si apago la luz antes de que se duerma. ¿Qué debo hacer?

R Acople un regulador de corriente al interruptor de su lamparita de noche. Sin decirle nada, cada noche reduzca un poco la iluminación con respecto a la noche anterior. Descubrirá que al cabo de unas 3 o 4 semanas, su hijo podrá dormir con la luz apagada.

P Nuestro hijo de 14 meses insiste desde hace poco en jugar sólo conmigo y no con mi pareja. ¿Eso es normal?

R Las fases de apego a uno de los progenitores tienen lugar de vez en cuando, pero son temporales. Procure que su pareja juegue con él, le bañe, le dé comer, etc., aunque el pequeño prefiera su compañía. Así contribuirá a que el vínculo sea sólido con los dos.

Juguetes: libro ilustrado de plástico, puzzles, juguetes de arrastrar, espejo irrompible, lápices de colores y papel, bloques de construcción de plástico.

Índice de grupos de edades

Índice de términos

Agradecimientos

Queremos dar las gracias a todos los bebés y padres que aparecen en las fotografías de este libro por su tiempo, paciencia y cooperación. También nos gustaría agradecer a las siguientes empresas la aportación de sus productos: All seasons (Londres), Benetton 0-12/Modus Publicity (Londres), The Early Learning Centre (Swindon), Marks and Spencer (Londres) y Baby & Co (Londres).

Bebé genial

Tercera edición: julio 2002

Título original: *Bright Baby*

Publicado por Hamlyn Octopus, una división de Octopus Publishing Group, Ltd.

Copyright © Octopus Publishing Group Limited 2001
2-4 Heron Quays, Docklands, Londres E14 4JP
Todos los derechos reservados.

Mens Sana es una marca registrada de Parramón Ediciones, S. A.
Copyright © para la edición española Parramón Ediciones, S. A., 2001
Gran Via de les Corts Catalanes, 322-324
08004 Barcelona, España

Traducción: Victor Lorenzo

ISBN: 84-342-3017-8

Impreso en China

Prohibida la reproducción total o parcial de esta obra
mediante cualquier recurso o procedimiento, comprendidos la impresión,
la reprografía, el microfilm, el tratamiento informático o cualquier otro sistema,
sin permiso de la editorial.